KB069243

速达 sùdá
중급 중국어
중국인과 함께 수다SUDA를

速达 sùdá
중급 중국어
중국인과 함께 수다 SUDA 를

콜롬북스 어플에서
MP3 무료 다운로드 가능

CRI (중국 국제 라디오 방송) 전문 아나운서의
정확한 발음이 담긴 MP3 제공

장선우 · 신사명 · 玄玥 지음

iB · 인터북스

　중국어 열풍이 불기 시작하면서 초급 중국어 학습자들이 급속히 늘어났다. 그러나 많은 학습자들이 초급 수준의 중국어만 배우고 중급 단계로 나아가지 못한 채 포기하는 경우 또한 많아졌다. 늘어난 어휘량, 간단해 보이지만 활용하기 어려운 문법, 4성이라는 성조의 난관 등을 극복하지 못한 원인들 때문이다. 더 중요한 것은 이러한 원인들을 해결해 주고 실력을 강화시켜 줄 수 있는 중급 교재를 찾을 수 없다는 점이다.

　이러한 점을 포착하여 본 교재는 초급 수준의 학습자가 초급 문법을 다지면서 중급 이상의 표현을 사용할 수 있도록 수준을 높이고 내용을 강화하였다. 간단한 회화를 포함하여 자유롭고 유창한 중국어를 구사할 수 있도록 수다스러운 중국어 회화문으로 구성하였다. 현재 중국인이 가장 일상적으로 사용하는 표현과 단어를 활용하였고 중국 문화 키워드를 통해 중국인의 삶을 이해하면서 자연스럽게 중급 이상 수준의 말하기를 학습할 수 있도록 하였다. 다양한 말하기를 목표로 하는 학습자에게 아주 적합한 교재가 될 것이라고 생각한다.

　다년간의 신조어를 정리하고 종합하여 중국 문화의 특징적인 부분이 잘 드러날 수 있도록 하는 데 많은 노력을 기울였다. 기존에 정형화된 표현을 뛰어넘어 스스로 자유로운 표현을 구사할 수 있도록 다양한 말하기에 힘을 썼다. 더불어 연습문제는 HSK 4~5급 수준의 문항을 선별하여 시험 대비에도 도움이 될 수 있도록 하였다. 이 책을 처음부터 끝까지 단계별로 꼼꼼히 학습하면 중국어 말하기 수준이 중급 이상으로 향상될 수 있으리라고 기대한다.

2020년 1월
저자 일동

본 교재의 특징은 다음과 같다.

① 신조어를 통해 현지 중국 생활과 문화를 이해하고 현지에서 바로 사용할 수 있는 표현을 배울 수 있다.

② 초급 문법을 활용하면서 중급 수준 이상의 대화문을 구사할 수 있도록 하였다.

③ 본문의 핵심 문장과 문법 내용을 반복 제시하여 충분히 연습할 수 있도록 하였다.

④ 연습문제에는 신HSK 중급(4~5급) 수준의 어휘와 문법 내용을 연습할 수 있는 관련 유형의 문제를 만들어 시험 대비용으로도 활용할 수 있게 하였다.

⑤ 마지막 총괄하여 해당 과에서 숙지한 표현과 문법 내용을 활용해 말하기로 이어지게 하였다.

다음과 같이 단계별로 학습하도록 한다.

Step 1 도입

신조어 소개 부분은 각 과의 내용과 관련된 대표적인 문화 키워드를 제시, 중국 문화의 특징적 배경을 소개한 부분이다. 키워드 하나로 중국의 현재 문화 현상을 이해할 수 있다. 설명을 읽으며 키워드를 숙지하도록 한다.

Step 2 본문 읽기

막 초급 수준을 넘어선 학습자는 다소 어려움을 느낄 수 있다. 하지만 새로 나온 어휘와 표현이 있을 뿐 초급 수준의 문법으로 구성된 문장이기 때문에 어휘와 표현 암기를 보충한다면 긴 문장도 금방 이해하고 따라 할 수 있도록 하였다.

또한 병음을 표기해 두어 쉽게 따라 읽을 수 있게 하였다. 반복 듣기와 읽기를 통해 중국인처럼 말하는 연습을 하도록 한다.

Step 3 단어 설명

매 과에 새로 등장하는 어휘를 중심으로 단어와 뜻을 제시하였다. 어휘량은 15개 내외로 암기하기에 부담 없이 하였으며 연습문제를 통해 반복해서 익힘으로써 암기할 수 있도록 하였다. 본문을 읽기 전에 미리 확인할 수 있도록 한다. 또한 반드시 외울 수 있도록 한다.

Step 4 문장 따라 읽기

따라 읽기 문장은 본문에서 핵심이 되는 문장이나 신조어의 쓰임을 잘 보여주는 문장으로 구성하였다. 비교적 짧은 문장 5개를 선정하였으며 중점적으로 읽으면서 암기할 수 있도록 하였다. 문맥을 생각하며 반복하여 읽도록 한다.

Step 5 어법 포인트

어법은 초급을 포괄하면서 신HSK 4~5급 수준의 어법 항목을 수록하였다. 각 과당 4~5개 항목의 어법을 선정하여 설명과 예시를 표기하여 쉽게 이해하도록 하였다. 어법은 드릴 형식의 연습문제 4~5개를 제시하여 반복 학습을 할 수 있게 하였다. 드릴 형식으로 제시한 문제를 3회 이상 반복 연습하여 입에 붙을 수 있도록 한다.

Step 6 연습문제 풀기

확인 문제를 통해 매 과에서 배운 어휘와 표현 및 문장을 연습하는 마지막 단계이다.

첫 번째, 단어 고르기는 어휘 설명에 나온 신조어의 뜻을 중국어로 풀이할 수 있는 능력을 향상하기 위한 문제이다. 그 단어의 개념을 중국어로 어떻게 풀이해서 표현할 수 있는지를 살펴보며 공부한다.

두 번째, 문장 완성하기는 신HSK 4급 문제 유형으로 어법 포인트의 내용을 숙지한 후 활용할 수 있도록 연습하고 표현 능력을 향상시키기 위한 문제이다. 문장 구조를 파악하고 정확한 문장을 만들 수 있도록 하기 때문에 여러 번 반복해서 풀어보도록 한다.

세 번째, 중국어로 말하기 문제는 주요 문형을 익힌 후 다양한 어휘를 적용하여 문법에 맞게 유창하게 문장을 구사하기 위한 문제이다. 스스로 문장을 만들 수 있는 실력이 되기 전까지 정형화된 문장을 암기하는 것도 좋은 방법이다. 본문에 나온 문장을 한국어로 해석하여 역으로 중국어 문장을 말하도록 하였다. 새로운 문장을 만들기 보다 해당 본문에 나온 문장을 반복 학습함으로써 자연스럽게 배운 문장이 입에서 흘러나올 수 있도록 한다.

위 책의 구성과 내용에 따라 꾸준히 학습한다면 분명 초급을 뛰어넘어 중급 이상의 회화 수준으로 올라갈 수 있다고 확신한다.

주제	어법 포인트	
01 부동산 **房奴** 하우스 푸어	① 多少 ③ 대략의 수 ⑤ 再	② 정반 의문문 ④ 虽然……, 但是……
02 날씨 **雾霾天气** 스모그 날씨	① (据)~说 ③ 명사 수식 조사 的 ⑤ 越来越 + 형용사	② 실현 가능 会 ④ 형용사 중첩
03 방송 **选秀节目** 오디션 프로그램	① 那么 / 这么 ③ 해본 적이 있다 过 ⑤ 不管……, 都……	② 每 ④ 非得~不可
04 경제 **炒股** 주식 투자	① 동사 중첩 ③ 为(wèi) ⑤ 是~的	② 이중 부정 ④ 不然
05 인터넷 **社交网站** 소셜 네트워킹	① 명사 중첩 ③ 对于와 对 ⑤ 只要……, 就……	② 有비교문 ④ 술어 수식 조사 地(de)
06 통신 **智能手机** 스마트 폰	① 别~(了) ③ 才 ⑤ 除了	② 从~到~ ④ 原来
07 쇼핑 **潮范儿** 패셔니스타	① 不是~吗? ③ 没有~V ⑤ 把~V	② 以X为Y ④ 还(hái)

주제	어법 포인트

08 생활

裸婚
간소한 결혼

① 都~(了)　　　　② 太~(了)
③ 想 X 就 X　　　④ 甚至
⑤ 要

09 교육

一考定终身
한 번의 시험으로 인생을 결정함

① 要~ 了　　　　② 为了~
③ 既……, 也……　④ 被

10 취업

被就业
취업률 부풀리기

① 因此　　　　　② 为~而~
③ 一旦　　　　　④ 결과 보어

11 건강

亚健康
서브 헬스

① 가능 보어 得/不
② 只有……, 才……　③ 比如
④ 先……, 再……　⑤ 就是……, 也……

12 음식

有机食品
유기농 식품

① 술어 보충의 得(de)　② 可能
③ 着(zhe)　　　　　④ 형용사 + 一些
⑤ 不仅…… , 而且……

13 유행

另类
별종

① 有点儿+형용사　② 叫/让
③ 의문사를 이용한 반문 용법　④ 比~更A
⑤ 의문사의 연속 사용

14 스포츠

吹黑哨
편파 판정

① 동사 + 起　　　② 의문사 什么
③ 难道　　　　　④ 多么/多
⑤ 청유

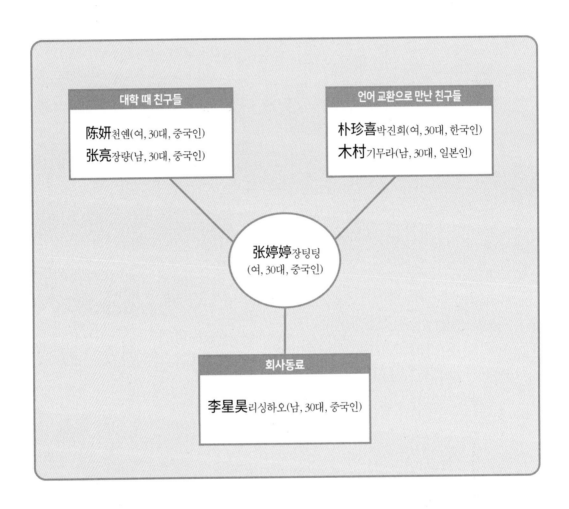

대학 때 친구들

陈妍천옌(여, 30대, 중국인)
张亮장량(남, 30대, 중국인)

언어 교환으로 만난 친구들

朴珍喜박진희(여, 30대, 한국인)
木村기무라(남, 30대, 일본인)

张婷婷장팅팅
(여, 30대, 중국인)

회사동료

李星昊리싱하오(남, 30대, 중국인)

20대 대학생들

金秀真김수진(여, 한국인)
金俊浩김준호(남, 한국인)
杨光양광(남, 중국인)

그 외의 중국인

张女士장씨(여, 30대)
刘女士유씨(여, 30대)
王东왕둥(남, 30대)

01	부동산	13
02	날씨	21
03	방송	29
04	경제	37
05	인터넷	45
06	통신	53
07	쇼핑	61
08	생활	69
09	교육	77
10	취업	85
11	건강	93
12	음식	101
13	유행	109
14	스포츠	117
본문 번역·연습문제 답안		125

부동산

📖 신조어 소개

房奴fángnú 하우스 푸어

하우스 푸어란 주택담보대출을 받아 집을 마련하여 매달 수입의 40~50%이상을 원리금으로 상환하기 때문에 빈곤에 허덕이는 사람을 말한다. 중국에서는 '달팽이처럼 집을 짊어지고 산다'는 의미의 《蜗居wōjū》라는 소설이 드라마로 재구성되었는데 내집 마련을 위한 하우스 푸어(房奴fángnú)의 삶을 현실적으로 그려 전국의 시청자들의 공감을 얻으며 흥행하였다.

张婷婷想找房产中介买房子。房产中介人王东向张婷婷介绍几个公寓楼。

张婷婷 我想找两居室的房子。附近有没有新盖的楼房？

Wǒ xiǎng zhǎo liǎng jūshì de fángzi。Fùjìn yǒuméiyǒu xīngài de lóufáng?

王东 有。就在斜对面儿的经适房，目前内装修已基本完工，预计明年3月份可以入住。先去看看样板房吧。

Yǒu。Jiù zài xiéduìmiànr de jīngshìfáng, mùqián nèizhuāngxiū yǐ jīběn wángōng, yùjì míngnián 3yuèfèn kěyǐ rùzhù。Xiān qù kànkan yàngbǎnfáng ba。

张婷婷 嗯，不错啊。虽然户型面积不大，但还是个复式的房子。这样的房子多少钱一平米？

Èn, búcuò a。Suīrán hùxíng miànjī bú dà, dàn háishì ge fùshì de fángzi。Zhèyàng de fángzi duōshaoqián yì píngmǐ?

王东 一平米大概两万不到三万元。

Yì píngmǐ dàgài liǎngwàn búdào sānwàn yuán。

张婷婷　天啊，房子价格涨了不少啊！要买房都快成房奴了。听说最近经济不景气，出售的房子也比较多。房价会不会下降？

Tiān a, fángzi jiàgé zhǎngle bù shǎo a! Yào mǎifáng dōukuài chéng fángnú le. Tīngshuō zuìjìn jīngjì bù jǐngqì, chūshòu de fángzi yě bǐjiào duō. Fángjià huìbuhuì xiàjiàng?

王东　这不好说。明知有价无市，开发商就是不降价。危机百年不遇，他们觉得经济危机今后不会卷土重来。

Zhè bùhǎoshuō. Míngzhī yǒujià wúshì, kāifāshāng jiùshì bú jiàngjià. Wēijī bǎinián búyù, tāmen juéde jīngjì wēijī jīnhòu bú huì juǎntǔchónglái.

张婷婷　是这样啊！那么二手房销售情况怎么样？

Shì zhèyàng a! Nàme èrshǒufáng xiāoshòu qíngkuàng zěnmeyàng?

王东　没什么两样。这一带新房旧房价格差不多。

Méi shénme liǎngàng. Zhè yídài xīnfáng jiùfáng jiàgé chàbuduō.

张婷婷　最近有些开发商破产或缺乏建设资金而导致工程停工，因此出现不少烂尾楼。

Zuìjìn yǒuxiē kāifāshāng pòchǎn huò quēfá jiànshè zījīn ér dǎozhì gōngchéng tínggōng, yīncǐ chūxiàn bù shǎo lànwěilóu.

王东　而且期房是先付款后交房，就有一定的风险。

Érqiě qīfáng shì xiān fùkuǎn hòu jiāofáng, jiùyǒu yídìng de fēngxiǎn.

张婷婷　所以我想找个现房，首付也不要太高。

Suǒyǐ wǒ xiǎng zhǎo ge xiànfáng, shǒufù yě bú yào tài gāo.

王东　没问题。向前再走第一个路口就是。我带你过去看看吧。

Méi wèntí. Xiàng qián zài zǒu dì-yī ge lùkǒu jiù shì. Wǒ dài nǐ guòqù kànkan ba.

两居室 liǎng jūshì 침실이 2개 있는 집 = 二室一厅 èrshì yìtīng

楼房 lóufáng 아파트. 다층건물

经适房 jīngshìfáng 서민아파트 = 经济适用房 jīngjì shìyòngfáng

装修 zhuāngxiū 인테리어

样板房 yàngbǎnfáng 모델하우스 = 样板间 yàngbǎnjiān

户型 hùxíng 실내 구조

复式的房子 fùshì de fángzi 복층 아파트 = 复式楼房 fùshì lóufáng

房子价格 fángzi jiàgé 집값

开发商 kāifāshāng 부동산 투자가

百年不遇 bǎinián búyù 백 년 동안 보지 못하다. 아주 드물다

卷土重来 juǎntǔchónglái 실패 후 재기하다. 권토중래

二手房 èrshǒufáng 헌 아파트

销售 xiāoshòu 판매. 판매하다

烂尾楼 lànwěilóu 시공이 중단된 건물

期房 qīfáng 선분양하는 아파트

现房 xiànfáng 후분양하는 아파트

风险 fēngxiǎn 리스크

首付 shǒufù 선지급. 계약금

본문 따라 읽기

1 虽然户型面积不大, 但还是个复式的房子。
  Suīrán hùxíng miànjī bú dà, dàn háishì ge fùshì de fángzi。

2 这样的房子多少钱一平米?
  Zhèyàng de fángzi duōshaoqián yì píngmǐ?

3 要买房都快成房奴了。
  Yào mǎifáng dōukuài chéng fángnú le。

4 二手房销售情况怎么样?
  Èrshǒufáng xiāoshòu qíngkuàng zěnmeyàng?

5 向前再走第一个路口就是。
  Xiàng qián zài zǒu dì-yī ge lùkǒu jiù shì。

1 多少

> '多少'는 10 이상의 수, '几'는 10 이하의 수를 물을 때 쓴다.
> 예 가. 这样的房子多少钱一平米？ 이런 집은 평당 얼마인가요?
>
> 나. 一平米大概两万不到三万元。 평당 대략 이만에서 삼만 위안 정도 해요.

다음 대화를 주어진 단어로 완성하기

① 가. _____钱一_____？(苹果 / 斤)　　나. _____。(不到三十元)

② 가. _____钱一_____？(自行车 / 辆)　　나. 大概_____。(两三百元)

③ 가. _____钱一_____？(汉语词典 / 本)　　나. _____。(一百多块)

④ 가. _____钱一_____？(矿泉水 / 瓶)　　나. _____。(五块钱)

2 정반 의문문

> 술어를 긍정과 부정으로 병렬하여 의문을 나타낸다.
> 예 房价会不会下降？ 집값이 떨어질까요?
>
> 附近有没有新盖的楼房？ 근처에 새로 지은 건물이 있나요?

다음을 정반 의문문을 이용해 질문 만들기

① 户型面积不大。　　　　　→　_____？

② 这样的房子很贵。　　　　→　_____？

③ 这个小区环境很好。　　　→　_____？

④ 你想看样板房吗？　　　　→　_____？

⑤ 对面的经适房明年能入住吗？ →　_____？

3 대략의 수

'大概 + 숫자'는 '대략'의 수량을 나타낸다.

예 看了大概5分钟。 대략 5분 동안 보았다.

인접한 두 개의 숫자를 병렬하여 '~가량'의 뜻을 나타낸다.

예 四五千个 4~5천 개

两三百元 2~3백 위안

'숫자 + 多'는 해당 숫자보다 많다는 의미를 나타낸다.

예 一百多 백 개 넘게

'不到 + 숫자'는 '못 미치다, 넘지 않다'의 뜻을 나타낸다.

예 不到三十 30을 넘지 않다

다음의 대화를 대략의 수를 이용하여 완성하기

① 가. 多少个人参加了这次比赛? 　나. ＿＿＿＿＿＿ 参加了这次比赛。(大概10个人)

② 가. 你汉语学了多长时间了? 　나. ＿＿＿＿＿＿＿＿＿。(五六个月)

③ 가. 他工资多少钱? 　나. 他工资 ＿＿＿＿＿＿。(5000多块)

④ 가. 你在这儿住了多长时间? 　나. 我在这儿住了 ＿＿＿＿＿。(不到1年)

4 虽然……, 但是……

'비록 ~, 그러나 ~'의 뜻으로, 어떤 조건이 마음에 들지 않지만, 그 중 어느 면은 그런대로 받아들일 수 있는 것임을 나타낸다.

예 가. 这间样板房怎么样? 이 모델하우스는 어떤가요?

나. 虽然户型面积不大, 但还是个复式的房子。
비록 면적은 넓지 않지만, 그래도 복층집이네요.

다음 질문에 알맞은 대답을 주어진 단어를 이용하여 완성하기

① 가. 他身体怎么样?

나. 虽然 ＿＿＿＿＿, 但是 ＿＿＿＿＿＿＿。(很瘦 / 他的力气很大)

② 가. 你工作怎么样？

　　나. 虽然 ＿＿＿＿＿＿＿，但是 ＿＿＿＿＿＿＿＿＿。(辛苦 / 我喜欢这个工作)

③ 가. 这本书怎么样？

　　나. 这本书虽然 ＿＿＿＿＿＿＿，但是 ＿＿＿＿＿＿＿＿＿。(很厚 / 很有意思)

④ 가. 你觉得期房怎么样？

　　나. 期房虽然 ＿＿＿＿＿＿＿，但是 ＿＿＿＿＿＿＿＿＿。(有一定的风险 / 在价格上会有些优惠)

5 再

아직 발생하지 않은 동작을 반복하고자 할 때 쓰인다. 주로 같은 동작을 반복할 때 쓴다.

예 明天再来吧。내일 다시 오십시오.

이 외에 '더 지속적으로'의 뜻이 있다.

예 向前再走第一个路口就是。앞으로 더 가다가 첫 번째 길목입니다.

他没有力气再唱下去了。그는 계속해서 더 노래를 부를 힘이 없다.

NOTE '还'(hái)도 아직 발생하지 않은 동작을 하고자 할 때 쓰인다. 그러나 같은 동작이 아닐 수도 있다. 또한 의문문에서는 '还'를 쓰며 '再'는 쓰지 않는다.

예 明年你还来中国吗？내년에도 중국에 다시 올거야？

你还买别的东西吗？다른 물건을 더 살거야？

다음을 '再'와 '还' 중에서 알맞은 것을 골라 완성하기

① 我看过那部电影，可明天陪你 ＿＿＿＿＿ 看一遍吧。

② 这次机会一定不能 ＿＿＿＿＿ 错过了。

③ 你 ＿＿＿＿＿ 不想找工作吗？

④ 我 ＿＿＿＿＿ 可以问你问题吗？

연습문제

1. 단어 고르기

首付	样板房	期房	房奴	装修

① _____ ：依据一定美观规则形成的一整套房屋设计方案。

② _____ ：在建的、还没完成建设的、不能交付使用的房屋。

③ _____ ：装修效果的参照实例。

④ _____ ：买房时第一次支付的钱。

⑤ _____ ：抵押贷款购房而受到家庭生活的长期压力的人群。

2. 문장 완성하기

① 不大　　虽然　　复式的　　但还是　　户型面积　　个　　房子

　　_____

② 多少　　房子　　一平米　　这样的　　钱

　　_____

③ 都　　房　　房奴　　要　　成　　了　　买　　快

　　_____

④ 怎么样　　销售　　房　　情况　　二手

　　_____

⑤ 第一个　　再　　向前　　走　　就是　　路口

　　_____

3. 말해보기

① 방 2개인 집을 찾는데요.

② 선분양하는 아파트는 깨끗하지만, 계약금이 비싸요.

③ 헌 아파트는 얼마인가요?

④ 집을 사려다 하우스 푸어 신세가 되겠어요.

MEMO

02 날씨

📖 신조어 소개

雾霾天气wùmái tiānqì 스모그 날씨

미세먼지로 인해 안개가 낀 것 같은 흐린 날씨를 말한다. 스모그(雾霾wùmái)는 사막화로 인해 흙먼지가 부는 황사 현상(沙尘暴shāchénbào)과 더불어 도시의 자동차, 공장에서 배출되는 유해물질에 의해 미세먼지 농도가 심해지는 재해성 기상 현상(灾害性天气 zāihàixìng tiānqì)을 가리킨다. 중국은 스모그 개선을 위해 힘쓰고 있으며 각 시에서는 공기오염에 따라 오렌지색 경보, 붉은색 경보 등으로 나눠 시민들에게 문자 메시지를 통해 알림서비스를 하여 주의와 경각심을 주고 있다.

李星昊是张婷婷的同事。在办公室聊天气。

张婷婷 昨晚半夜突如其来地降了一场大雪。雪纷纷扬扬，下得很大。

Zuówǎn bànyè tūrúqílái de jiàngle yì chǎng dàxuě。Xuě fēnfēnyángyáng, xià de hěn dà。

李星昊 我晚上睡觉，睡得很死。今天早上推开门一看，天已经放晴了，阳光灿烂。可地面上全都罩上了一层厚厚的雪。这才知道昨晚下过雪。

Wǒ wǎnshàng shuìjiào, shuì de hěn sǐ。Jīntiān zǎoshàng tuīkāi mén yí kàn, tiān yǐjīng fàngqíng le, yángguāng cànlàn。Kě dìmiànshang quán dōu zhàoshàngle yì céng hòuhòu de xuě。Zhè cái zhīdào zuówǎn xiàguò xuě。

张婷婷 预报说，这是北京今年入冬以来最大的一场降雪，使得前日雾霾天积累的污染彻底改善。

Yùbào shuō, zhè shì běijīng jīnnián rùdōng yǐlái zuì dà de yì chǎng jiàngxuě, shǐde qiánrì wùmáitiān jīlěi de wūrǎn chèdǐ gǎishàn。

李星昊 这场十分及时的大雪，也有利于小麦的生长。俗话说"瑞雪兆丰年"，一定会促进明年春季作物，尤其是小麦的丰收。

Zhè chǎng shífēn jíshí de dàxuě, yě yǒulìyú xiǎomài de shēngzhǎng。Súhuà shuō "Ruìxuě zhào fēngnián", yídìng huì cùjìn míngnián chūnjì zuòwù, yóuqí shì xiǎomài de fēngshōu。

张婷婷 我看未必。受全球气候变化影响，很多地区降水降雨时空分布不均，水旱灾害较为频繁。

Wǒ kàn wèibì. Shòu quánqiú qìhòu biànhuà yǐngxiǎng, hěnduō dìqū jiàngshuǐ jiàngyǔ shíkōng fēnbù bù jūn, shuǐhàn zāihài jiàowéi pínfán.

李星昊 我也很担心近几年的怪天气。我们这里近年来同期降雨偏少，单点性暴雨明显增多。

Wǒ yě hěn dānxīn jìn jǐnián de guàitiānqì. Wǒmen zhèlǐ jìnnián lái tóngqī jiàngyǔ piān shǎo, dāndiǎnxìng bàoyǔ míngxiǎn zēngduō.

张婷婷 有一份报告说，温室效应可能会引发暴风海啸。

Yǒu yí fèn bàogào shuō, wēnshì xiàoyìng kěnéng huì yǐnfā bàofēng hǎixiào.

李星昊 没错。首先气候变暖会导致大量的海水蒸发，大气中的水汽增多，这容易导致极端天气增多。

Méicuò. Shǒuxiān qìhòu biànnuǎn huì dǎozhì dàliàng de hǎishuǐ zhēngfā, dàqì zhōng de shuǐqì zēngduō, zhè róngyì dǎozhì jíduān tiānqì zēngduō.

张婷婷 如果再不重视环保和节能，地球的反常气候会越来越明显。还要做好防范灾害性天气的准备工作。

Rúguǒ zài bú zhòngshì huánbǎo hé jiénéng, dìqiú de fǎncháng qìhòu huì yuè lái yuè míngxiǎn. Hái yào zuòhǎo fángfàn zāihàixìng tiānqì de zhǔnbèi gōngzuò.

李星昊 你记不记得去年夏天高温高湿的"桑拿天"持续了10天？

Nǐ jìbujìde qùnián xiàtiān gāowēngāoshī de "Sāngnátiān" chíxùle 10tiān?

张婷婷 是啊，那时候整天都不敢关空调，还出现了电量供不应求的局面。

Shì a, nà shíhou zhěngtiān dōu bùgǎn guān kōngtiáo, hái chūxiànle diànliàng gōngbúyìngqiú de júmiàn.

李星昊 这又是环境问题的另一面，简直就是恶性循环啊！

Zhè yòu shì huánjìng wèntí de lìng yí miàn, jiǎnzhí jiùshì èxìng xúnhuán a!

突如其来 tūrúqílái 뜻밖에 나타나다

纷纷扬扬 fēnfēnyángyáng 어지럽게 흩날리는 모양

瑞雪兆丰年 ruìxuě zhào fēngnián 겨울에 눈이 많이 오면 보리 풍년이 든다

怪天气 guàitiānqì 이상 기온

单点性暴雨 dāndiǎnxìng bàoyǔ 게릴라성 폭우 및 집중호우 = 突发性大雨 tūfāxìng dàyǔ

温室效应 wēnshì xiàoyìng 온실 효과

海啸 hǎixiào 쓰나미

全球变暖 quánqiú biànnuǎn 지구 온난화

桑拿天 sāngnátiān 푹 찌는 날씨. 사우나에 들어온 것 같은 느낌이 드는 날씨

反常气候 fǎncháng qìhòu 이상 기후

灾害性天气 zāihàixìng tiānqì 재해성 기상 현상

供不应求 gōngbúyìngqiú 공급이 수요를 따르지 못하다

본문 따라 읽기

1 昨晚半夜突如其来地降了一场大雪。
　　Zuówǎn bànyè tūrúqílái de jiàngle yì chǎng dàxuě。

2 我也很担心近几年的怪天气。
　　Wǒ yě hěn dānxīn jìn jǐnián de guàitiānqì。

3 单点性暴雨明显增多。
　　Dāndiǎnxìng bàoyǔ míngxiǎn zēngduō。

4 这容易导致极端天气增多。
　　Zhè róngyì dǎozhì jíduān tiānqì zēngduō。

5 还要做好防范灾害性天气的准备工作。
　　Hái yào zuòhǎo fángfàn zāihàixìng tiānqì de zhǔnbèi gōngzuò。

1 (据)~说

'~ 에 따르면'의 뜻으로, 하고자 하는 말이 사실임을 객관적으로 보이고자 할 때 쓴다.
예를 들면, 预报说(예보에 따르면), 俗话说(옛말에 따르면), 有一份报告说(한 보고서에 따르면) 등과 같이 나타낸다.

뒤에 오는 문장에 근거하여 알맞은 말로 빈칸 채우기

① _____ 说，今明两天都有雨。

② _____ 说，环保产品及服务市场规模将迅速扩大。

③ _____ 说，早起的鸟儿有虫吃。

2 실현 가능 会

'배워서 할 수 있다'는 의미 외에 '실현 가능'의 뜻을 나타낸다.
예 气候变暖会导致大量的海水蒸发。기후 온난화는 대량의 해수 증발을 초래할 수 있다.
我真没想到你今天会来。나는 네가 오늘 오리라고는 정말 생각하지 못했어.

다음 중 '会'가 들어갈 정확한 위치를 고르기

① 北京的冬天很 __A__ 冷， __B__ 出去不 __C__ 穿大衣就 __D__ 感冒。

② 条件如果 __A__ 起了 __B__ 变化，结果 __C__ 也 __D__ 发生变化。

③ 我一 __A__ 听到这首歌 __B__ 就 __C__ 想起他。

3 명사 수식 조사 的

> '~한 + 명사' '~인 + 명사'의 구성으로 쓰인다.
> 예 雾霾天积累的污染 스모그 날씨에 누적된 오염
>   爸爸送的礼物 아빠가 주신 선물

다음의 대화를 주어진 단어로 완성하기

① 가. 那是什么？　　　나. 这是＿＿＿＿＿。(从图书馆借来 / 书)

② 가. 那是什么？　　　나. 这是＿＿＿＿＿。(我在商店买 / 书包)

③ 가. 那是什么？　　　나. 这是＿＿＿＿＿。(我们刚堆好 / 雪人)

④ 가. 那是什么？　　　나. 这是＿＿＿＿＿。(我妈妈送我 / 礼物)

4 형용사 중첩

> 형용사를 중첩하여 어떠한 상태나 정도가 강함을 나타낸다. 단음절 형용사의 중첩은 AA 형태이다.
> 예 地面上全都罩上了一层厚厚的雪。땅이 온통 눈으로 두껍게 덮였다.
>   他高高的、瘦瘦的。그는 키가 크고, 말랐다.
>
> 이음절 형용사의 중첩은 AABB 형태이다.
> 예 雪纷纷扬扬，下得很大。눈이 펑펑 내린다.
>   我把房间打扫得干干净净的。나는 방을 깨끗하게 청소했다.
>
> '명사 + 형용사' 구성으로 된 합성어 '漆黑，通红，煞白' 등의 중첩은 ABAB식으로 나타낸다.
> 예 他的脸冻得通红通红的。그의 얼굴이 얼어서 벌겋다.

주어진 형용사를 중첩형으로 만들기

① 那个＿＿＿＿＿的苹果真好看。(红)

② 我们背起书包＿＿＿＿＿地上学了。(高兴)

③ 夜色已经那么＿＿＿＿＿的了。(漆黑)

5 越来越 + 형용사

'점점 더 ~하다'는 뜻으로 정도가 점차 심해짐을 나타낸다.
예 地球的反常气候越来越明显。지구의 이상 기후는 점점 뚜렷해지고 있다.
北极熊的生活环境越来越小。북극곰의 생활환경이 점점 줄어들고 있다.

다음 문장을 의미에 맞게 알맞은 형용사를 써서 문장 완성하기

① 夏天了，天气 _____。

② 她自从交了男朋友之后 _____。

③ 火车开动了，离车站 _____。

④ 几乎所有的公共场所都禁止吸烟，能吸烟的地方 _____。

연습문제

1. 단어 고르기

> 雾霾天气　温室效应　反常　海啸　桑拿天

① _____ : 城市里因空气污染物，导致能见度显著降低的现象。

② _____ : 一种具有强大破坏力的海浪。

③ _____ : 又闷又热，令人浑身汗水外浸的天气。

④ _____ : 地表向外放出的辐射线被大气吸收，引起全球气候变暖。

⑤ _____ : 跟正常情况不同。

2. 문장 완성하기

① 很　　我　　也　　怪天气　　的　　近几年　　担心

_____

② 突如其来　　昨晚　　一场　　地　　大雪　　半夜　　降了

_____

③ 容易　　这　　天气　　增多　　导致　　极端

_____

④ 明显　　暴雨　　多　　单点性　　增

_____

⑤ 做好　　还要　　防范　　准备　　工作　　天气　　灾害性

_____

3. 말해보기

① 일기예보에서 그러는데, 오늘 밤에 폭우가 내릴 거래요.

② 지난주에는 고온다습한 '푹푹 찌는 날씨'가 사흘이나 지속됐어요.

③ 내가 걱정하는 것은 올해 쓰나미가 빈번했다는 거예요.

④ 만약 절전을 하지 않는다면, 전력 공급이 어려워질 수도 있어요.

MEMO

03 방송

📖 신조어 소개

选秀节目xuǎnxiù jiémù 오디션 프로그램

서바이벌 형식으로 진행되는 오디션 프로그램이 시청자의 관심을 모으고 있다. 가수를 선발하는 오디션 프로그램이 인기를 얻으면서, 연기나 댄스 등의 오디션 프로그램도 성행하고 있다. 이러한 프로그램을 통해 한순간에 스타덤(一炮而红yípào'érhóng)에 오르려는 사람들도 적지 않다. 또한 이로 인해 이슈가 되는 특정 연예인을 보이콧하는 연예인 디스(砸星záxīng)도 사회적인 문제가 되고 있다.

朴珍喜是张亮的语言交换伙伴。在聊一些自己喜欢看的电视节目。

朴珍喜 你知道最近韩国最有人气的综艺节目是什么吗？

Nǐ zhīdào zuìjìn Hánguó zuì yǒurénqì de zōngyì jiémù shì shénme ma?

张亮 我对综艺节目不太感兴趣。我比较喜欢韩国电视连续剧，所以每天都通过视频网站观看最新的剧集。听说，电视选秀节目多起来了。

Wǒ duì zōngyì jiémù bú tài gǎnxìngqù. Wǒ bǐjiào xǐhuan Hánguó diànshì liánxùjù, suǒyǐ měitiān dōu tōngguò shìpín wǎngzhàn guānkàn zuì xīn de jùjí. Tīngshuō, diànshì xuǎnxiù jiémù duōqǐlái le.

朴珍喜 就是。我喜欢每周日晚上播放的选秀节目，非得守着首播看不可。即使有事到外边去，到了晚上也得准时回来观看。

Jiùshì. Wǒ xǐhuan měizhōurì wǎnshàng bōfàng de xuǎnxiù jiémù, fēiděi shǒuzhe shǒubō kàn bùkě. Jíshǐ yǒushì dào wàibiān qù, dàole wǎnshàng yě děi zhǔnshí huílái guānkàn.

张亮 我喜欢那种观看比赛时紧张刺激的气氛。我尤其喜欢看唱歌选秀比赛。

Wǒ xǐhuan nàzhǒng guānkàn bǐsài shí jǐnzhāng cìjī de qìfen. Wǒ yóuqí xǐhuan kàn chànggē xuǎnxiù bǐsài.

朴珍喜　每当我看歌手唱歌时，不自觉担心起他会不会有走调、拖拍子、忘词等等失误。

Měidāng wǒ kàn gēshǒu chànggē shí, bùzìjué dānxīnqǐ tā huìbuhuì yǒu zǒudiào, tuōpāizi, wàngcí děngdeng shīwù。

张亮　　选秀比赛的乐趣不仅如此。评委们的点评专业到位，也给观众留下深刻印象。

Xuǎnxiù bǐsài de lèqù bùjǐn rúcǐ。Píngwěimen de diǎnpíng zhuānyè dàowèi, yě gěi guānzhòng liúxià shēnkè yìnxiàng。

朴珍喜　观众以拨打专设热线电话投票方式也能参与栏目，为自己喜欢的歌唱选手助威。

Guānzhòng yǐ bōdǎ zhuānshè rèxiàn diànhuà tóupiào fāngshì yě néng cānyǔ lánmù, wèi zìjǐ xǐhuan de gēchàng xuǎnshǒu zhùwēi。

张亮　　中国也有类似的选秀比赛。

Zhōngguó yě yǒu lèisì de xuǎnxiù bǐsài。

朴珍喜　我知道。大众歌手选秀赛是在中国大陆颇受欢迎的娱乐节目之一。参加竞赛的歌手不管是在唱功，还是在形象等方面，都会引起媒体和公众非常多的兴趣和关注。

Wǒ zhīdào。Dàzhòng gēshǒu xuǎnxiùsài shì zài Zhōngguó dàlù pō shòu huānyíng de yúlè jiémù zhī yī。Cānjiā jìngsài de gēshǒu bùguǎn shì zài chànggōng, háishì zài xíngxiàng děng fāngmiàn, dōu huì yǐnqǐ méitǐ hé gōngzhòng fēicháng duō de xìngqù hé guānzhù。

张亮　　再说，评奖也是采用了由大众参与的选秀方式，一改往日的沉闷和老套，的确能吸引不少人的参与。

Zàishuō, píngjiǎng yěshì cǎiyòngle yóu dàzhòng cānyǔ de xuǎnxiù fāngshì, yìgǎi wǎngrì de chénmèn hé lǎotào, díquè néng xīyǐn bù shǎo rén de cānyǔ。

朴珍喜 选秀俨然已经成为年轻人圈子中最热的话题，选秀捧红了很多明星大
腕儿，有些女孩儿就是借此一炮而红。

Xuǎnxiù yǎnrán yǐjīng chéngwéi niánqīngrén quānzi zhōng zuì rè de huàtí, xuǎnxiù pěnghóng
le hěnduō míngxīng dàwànr, yǒuxiē nǚháir jiùshì jiècǐ yípào'érhóng。

张亮 是啊。目前许多电视媒体都竞相举办各种选秀比赛，比赛的内容不局
限于歌唱，只要有特殊才艺都可以上节目，大有全民选秀之势。

Shì a。Mùqián xǔduō diànshì méitǐ dōu jìngxiàng jǔbàn gèzhǒng xuǎnxiù bǐsài, bǐsài de nèiróng
bù júxiànyú gēchàng, zhǐyào yǒu tèshū cáiyì dōu kěyǐ shàng jiémù, dàyǒu quánmín xuǎnxiù zhī
shì。

단어 설명

综艺节目 zōngyì jiémù 오락연예 프로그램

连续剧 liánxùjù 연속극

视频网站 shìpín wǎngzhàn 동영상 사이트

首播 shǒubō 첫 방송. 본 방송

评委 píngwěi 심사위원

热线电话 rèxiàn diànhuà 핫라인

助威 zhùwēi 응원하다

走调 zǒudiào 음이탈

拖拍子 tuōpāizi 엇박자

老套 lǎotào 뻔한 수법. 상투적인 수단

吸引 xīyǐn 유인하다. 끌어당기다

大腕儿 dàwànr 빅스타

一炮而红 yípào'érhóng 일약 스타

본문 따라 읽기

1 我喜欢每周日晚上播放的选秀节目。
  Wǒ xǐhuan měizhōurì wǎnshàng bōfàng de xuǎnxiù jiémù。

2 即使有事到外边去, 到了晚上也得准时回来观看。
  Jíshǐ yǒushì dào wàibiān qù, dàole wǎnshàng yě děi zhǔnshí huílái guānkàn。

3 都会引起媒体和公众非常多的兴趣和关注。
  Dōu huì yǐnqǐ méitǐ hé gōngzhòng fēicháng duō de xìngqù hé guānzhù。

4 选秀赛是在中国大陆颇受欢迎的娱乐节目之一。
  Xuǎnxiùsài shì zài Zhōngguó dàlù pō shòu huānyíng de yúlè jiémù zhī yī。

5 只要有特殊才艺都可以上节目。
  Zhǐyào yǒu tèshū cáiyì dōu kěyǐ shàng jiémù。

1 那么 / 这么

'그렇게, 이렇게'라는 뜻으로 동사나 형용사 앞에 놓여 상태, 방식, 정도 등을 나타낸다.

예 我不懂那些选秀怎么那么受欢迎。

나는 그런 오디션 프로그램이 왜 그렇게 인기가 있는지 모르겠어.

다음 문장 중 '这么' 혹은 '那么'가 들어갈 알맞은 자리를 고르기

① 别　A　哇哇地　B　吵，我　C　都　D　睡不着了。

② 我　A　真没有　B　想到这儿的人口密度是　C　大　D　。

③ 　A　这孩子一年　B　不见，　C　竟长得　D　高了。

2 每

각각의 사물이 모두 공통점이 있음을 강조하여 주로 '都'와 호응하여 쓰인다. 또한 '天, 日, 月, 年, 星期, 小时, 分钟' 등과 결합하여 쓰인다.

예 每天　每日　每小时

note '各'는 각각의 사물의 다른 점을 강조하며 조직이나 기관을 나타내는 명사를 수식할 때 양사 없이 직접 명사를 수식한다.

예 各国　各民族　各学校　各部门　各班

다음 빈칸에 '每' 혹은 '各' 중에서 알맞은 것을 채워 넣기

① 他们这几个人＿＿＿＿＿有＿＿＿＿＿的看法。

② 老师把全班同学分成五组，＿＿＿＿＿组＿＿＿＿＿八个人。

③ 我们家＿＿＿＿＿一个人都有一部手机。

3 해본 적이 있다 过

> 동사 혹은 동사구 뒤에 쓰여 과거에 이미 경험한 적이 있음을 나타낸다. 부정은 '没'로 나타낸다.
> 예 我也听说过。나도 들어본 적이 있다.
> 　 我没听说过。나는 들어본 적이 없다.

다음 대화를 완성하기

① 가. 你＿＿＿＿＿＿过＿＿＿＿＿＿吗？
　　 나. 我没＿＿＿＿＿过＿＿＿＿＿＿。(去　北京)

② 가. 你＿＿＿＿＿＿过＿＿＿＿＿＿吗？
　　 나. 我没＿＿＿＿＿过＿＿＿＿＿＿。(看　韩国连续剧)

③ 가. 你＿＿＿＿＿＿过＿＿＿＿＿＿吗？
　　 나. 我没＿＿＿＿＿过＿＿＿＿＿＿。(听　这个故事)

④ 가. 你＿＿＿＿＿＿过＿＿＿＿＿＿吗？
　　 나. 我没＿＿＿＿＿过＿＿＿＿＿＿。(吃　北京烤鸭)

4 非得～不可

> '반드시 ～하지 않으면 안된다'는 뜻으로 어떠한 일을 반드시 해야함을 강조하여 나타낸다.
> 예 非得守着首播看不可。본방 사수를 하지 않으면 안된다.

다음 대화를 완성하기

① 가. 你过生日都做什么？
　　 나. 我非得＿＿＿＿＿＿＿不可。(吃蛋糕)

② 가. 你吃完晚饭都做什么？
　　 나. 我非得＿＿＿＿＿＿＿不可。(出去散散步)

③ 가. 你周末都做什么？
　　 나. 我非得＿＿＿＿＿＿＿不可。(练习弹钢琴)

5 不管……, 都……

> '~이거나 ~거나 예외없이'라는 뜻을 나타낸다. 주로 'A还是B, 什么, 怎么' 등 의문문의 구성으로 쓰인다.
>
> 예 歌手不管是在唱功还是在形象等方面, 都 ……
> 가수는 노래 실력이나 이미지 등 방면에서나, ……

다음 대화를 완성하기

① 在我们学校, 不管是＿＿＿＿＿＿＿还是＿＿＿＿＿＿＿＿, 都喜欢听王老师的课。(中国学生, 外国学生)

② 不管我＿＿＿＿＿＿＿＿＿, 你都不会相信。(怎么解释)

③ 不管＿＿＿＿＿＿＿＿＿, 都要告诉我。(什么事)

1. 단어 고르기

首播	大腕儿	选秀	评委	老套

① _____ : 评选委员会委员的简称。

② _____ : 陈旧的形式或办法。

③ _____ : 某些领域中有成就、有影响的人。

④ _____ : 选拔在某方面表现优秀的人。

⑤ _____ : 第一次在媒体上播放。

2. 문장 완성하기

① 颇受　曾经　娱乐节目　欢迎的　是　之一　中国大陆

_____

② 也　即使　到了　回来观看　到外边去　有事　准时　晚上　得(děi)

_____

③ 每周日　选秀节目　晚上　播放的　喜欢　我

_____

④ 引起　非常　兴趣和关注　媒体和公众　多的　会

_____

⑤ 有　可以　只要　才艺　都　特殊　上节目

_____

3. 말해보기

① 나는 서바이벌 프로그램이 왜 그리 인기가 많은지 모르겠어.

② 나는 본방을 사수하지 않으면 안 돼. (첫 회를 꼭 보지 않으면 안 돼.)

③ 너는 그 슈퍼스타가 나온 영화를 본 적이 있니?

④ 한국 드라마는 뻔한 스토리라도 보는 걸 좋아해.

04 경제

炒股chǎogǔ 주식 투자

경제적 측면에서 세계 2위인 중국은 개혁개방 이후 각종 부양 정책(扶持政策fúchí zhèngcè)을 시행하여 경기 회복을 이루었다. 금융 시장에서는 외국 자본의 주식 투자에 대한 제재를 완화하고 있다. 고성장 중인 중국의 영향력은 최근 투기성이 문제가 된 가상 화폐(虚拟货币xūnǐ huòbì) 비트코인(比特币bǐtèbì)을 가장 많이 소유하고 있다는 것에서도 잘 알 수 있다.

李星昊是张婷婷的同事。一边吃午饭一边聊股票投资。

李星昊 婷婷，你是不是还经常买彩票？

Tíngting, nǐ shìbushì hái jīngcháng mǎi cǎipiào?

张婷婷 每周总要买几注玩儿玩儿。要说拿出太多的时间去天天研究彩票也不太现实，只想买几注去守号。万一中大奖也说不定。哈哈。

Měizhōu zǒngyào mǎi jǐ zhù wánrwanr. Yàoshuō náchū tàiduō de shíjiān qù tiāntiān yánjiū cǎipiào yě bú tài xiànshí, zhǐxiǎng mǎi jǐ zhù qù shǒu hào. Wànyī zhòng dàjiǎng yě shuōbúdìng. Hāha.

李星昊 要不，炒炒股怎么样？

Yàobù, chǎochao gǔ zěnmeyàng?

张婷婷 我也不是没想过，但是现在手里的资金并不充裕。再说，对股市一窍不通，现在没有一点儿头绪，连怎么去开户都不知道。

Wǒ yě búshì méi xiǎngguò, dànshì xiànzài shǒuli de zījīn bìng bù chōngyù. Zàishuō, duì gǔshì yíqiàobùtōng, xiànzài méiyǒu yìdiǎnr tóuxù, lián zěnme qù kāihù dōu bù zhīdào.

李星昊 炒股没有你想象的那么复杂。人家可是天天在想着怎样炒房炒股才能在最短时间内赚大笔钱呢，你可不能这么无所事事。

Chǎogǔ méiyǒu nǐ xiǎngxiàng de nàme fùzá. Rénjiā kěshì tiāntiān zài xiǎngzhe zěnyàng chǎofáng chǎogǔ cái néng zài zuì duǎn shíjiān nèi zhuàn dàbǐqián ne, nǐ kě bùnéng zhème wúsuǒshìshì.

张婷婷 那你就给我提供一些信息，好让我入门。

Nà nǐ jiù gěi wǒ tígōng yìxiē xìnxī, hǎo ràng wǒ rùmén.

李星昊 你记得上次由大规模不良贷款而引发的金融危机吗？当时我看，危机就是机会，就买下了跌到最低点的股票。

Nǐ jìde shàngcì yóu dàguīmó bùliáng dàikuǎn ér yǐnfā de jīnróng wēijī ma? Dāngshí wǒ kàn, wēijī jiùshì jīhuì, jiù mǎixiàle diēdào zuì dīdiǎn de gǔpiào.

张婷婷 我有印象。当时谁也没有想到持续走低的股市行情，竟然止跌反弹。你真有一套！

Wǒ yǒu yìnxiàng. Dāngshí shéi yě méiyǒu xiǎngdào chíxù zǒudī de gǔshì hángqíng, jìngrán zhǐdiē fǎntán. Nǐ zhēn yǒu yítào!

李星昊 当初我爱人也对炒股这玩意儿看不顺眼。反正我们应该为我们的将来打算。

Dāngchū wǒ àiren yě duì chǎogǔ zhè wányìr kànbushùnyǎn. Fǎnzhèng wǒmen yīnggāi wèi wǒmen de jiānglái dǎsuàn.

张婷婷 我也不是不想。我每个月定期存点钱，还购买了理财型人寿保险。

Wǒ yě búshì bù xiǎng. Wǒ měi ge yuè dìngqī cún diǎn qián, hái gòumǎile lǐcáixíng rénshòu bǎoxiǎn.

李星昊 我是向来不看好保险的。每个月交的保险费当然也不少。

Wǒ shì xiànglái bú kànhǎo bǎoxiǎn de. Měi ge yuè jiāo de bǎoxiǎnfèi dāngrán yě bù shǎo.

张婷婷 但对我来说，这也是为未来投资的一种方式。就像你说的，应该为家人的未来做点儿什么，不然我心里不踏实。

Dàn duì wǒ láishuō, zhè yě shì wèi wèilái tóuzī de yì zhǒng fāngshì. Jiù xiàng nǐ shuō de, yīnggāi wèi jiārén de wèilái zuò diǎnr shénme, bùrán wǒ xīnli bù tāshi.

李星昊 嗐，生活过得真不容易啊！

Hài, shēnghuó guò de zhēn bù róngyì a!

彩票 cǎipiào 복권

中奖 zhòngjiǎng 당첨되다

一窍不通 yíqiàobùtōng (어느 분야에 대해) 아무것도 모르다. 아는 게 하나도 없다

开户 kāihù 계좌를 개설하다

炒房 chǎofáng 부동산 투기. 주택을 투기 목적으로 전매하다

无所事事 wúsuǒshìshì 아무런 일도 하지 않다. 하는 일이 없다

不良贷款 bùliáng dàikuǎn 부실채권

金融危机 jīnróng wēijī 금융 위기

走低 zǒudī (가격 등이) 하락하다. 내림세를 보이다

反弹 fǎntán (가격 등이) 반등하다. 내렸다가 다시 오르다

定期存款 dìngqī cúnkuǎn 정기(거치식) 예금 = *整存整取* zhěngcún zhěngqǔ
(c.f. *零存整取* 정기적립식 예금)

人寿保险 rénshòu bǎoxiǎn 생명 보험 (c.f. *财产保险* 재산 보험)

본문 따라 읽기

1 再说, 对股市一窍不通, 现在没有一点头绪, 连怎么去开户都不知道。
Zàishuō, duì gǔshì yíqiàobùtōng, xiànzài méiyǒu yìdiǎn tóuxù, lián zěnme qù kāihù dōu bù zhīdào。

2 炒股没有你想象的那么复杂。
Chǎogǔ méiyǒu nǐ xiǎngxiàng de nàme fùzá。

3 你真有一套！
Nǐ zhēn yǒu yítào!

4 当初我爱人也对炒股这玩意儿看不顺眼。
Dāngchū wǒ àiren yě duì chǎogǔ zhè wányir kànbushùnyǎn。

5 应该为家人的未来做点儿什么, 不然我心里不踏实。
Yīnggāi wèi jiārén de wèilái zuò diǎnr shénme, bùrán wǒ xīnli bù tāshi。

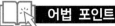 **어법 포인트**

1 동사 중첩

'좀 ~해 보다'는 뜻으로 짧은 시간 동안 움직이거나, 동작을 시도함을 나타낸다.

단음절 동사의 중첩 AA式
예 每周总要买几注玩玩。 매주마다 늘 몇 장씩 재미로 삽니다.

이음절 동사의 중첩 ABAB式
예 我现在很想休息休息。 나는 지금 너무 쉬고 싶어.

이음절 동사의 구조가 '동사 + 목적어'인 경우 AAB式
예 要不, 炒炒股怎么样? 아니면, 주식을 좀 해보는 건 어때요?

다음 문장을 동사 중첩을 이용하여 완성하기

① 听懂了吗? 哪点不理解, 我再_____吧。(讲)

② 有机会我得_____你们的经验。(学习)

③ 他只_____, 不说话了。(点头)

2 이중 부정

'~하지 않은 것은 아니다'라는 뜻으로 강한 긍정을 나타낸다.
예 我也不是没想过。(=我也想过。) 나도 생각해보지 않은 것은 아니야.(=나도 생각해 봤어.)
　　我也不是不喜欢。(=我也喜欢。) 나도 좋아하지 않는 것은 아니야.(=나도 좋아.)

다음 긍정문을 '不'와 '没有'를 이용하여 이중 부정으로 완성하기

① 我们班每个人都喜欢李老师。

我们班_____一个人_____喜欢李老师的。

40

② 这场比赛必须有你。

　　这场比赛 ＿＿＿＿＿＿＿ 能 ＿＿＿＿＿＿＿ 你。

③ 你必须做律师。

　　你 ＿＿＿＿＿＿＿ 能 ＿＿＿＿＿＿＿ 做律师。

3 为 (wèi)

'~에게, ~을 위하여'라는 뜻으로 행위의 대상을 나타낸다.
- 예 我为你提供一些信息。 내가 너에게 정보를 좀 줄게.
  反正我们应该为我们的将来打算。 어쨌든 우리는 우리의 미래를 위해 계획을 세워야 한다.

다음 문장을 완성하기

① 机场免税店都有 ＿＿＿＿＿＿＿ 为 ＿＿＿＿＿＿＿ 服务。(懂英语的店员, 顾客)

② 他今天晚上为 ＿＿＿＿＿＿＿ 准备了 ＿＿＿＿＿＿＿。(我, 很多好吃的菜)

③ 家长们已都为 ＿＿＿＿＿＿＿ 做好了 ＿＿＿＿＿＿＿。(自己的孩子, 留学手续)

4 不然

'그렇지 않으면'이라는 뜻으로 뒤의 종속절 문두에 붙는다.
- 예 应该为家人的未来做点儿什么, 不然我心里不踏实。
  가족의 미래를 위해 무언가를 해야 돼, 그렇지 않으면 내 마음이 편치가 않아.

다음 문장을 '不然'을 써서 완성하기

① 我们现在应该动身, 如果不这样做就赶不上火车了。

→ ＿＿＿

② 明天我有事，如果没有事可以跟大家一起去呢。

→ _____

③ 幸亏救护车来得及时，如果不是这样他早就没命了。

→ _____

5 是〜的

동작을 하는 사람, 시간, 장소, 방식, 목적 등을 강조하여 설명한다. 주로 과거의 사실에만 쓰인다.
예 我是向来不看好保险的。 나는 줄곧 보험을 좋게 생각하지 않았어.
你是什么时候来的？ 너는 언제 온거야?
他是怎么知道的？ 그가 어떻게 안거지?

다음 문장을 '是〜的'를 이용하여 강조를 나타내기

① 他从美国来。 → _____

② 我去参加面试。 → _____

③ 他们坐火车去。 → _____

1. 단어 고르기

| 炒房 | 贷款 | 反弹 | 炒股 | 走低 |

① ＿＿＿＿＿ : 从事股票的买卖活动。

② ＿＿＿＿＿ : 将房子买进，然后在适当的时机转手，获取更多的利润。

③ ＿＿＿＿＿ : 价格等持续往下降。

④ ＿＿＿＿＿ : 比喻价格、行情回升。

⑤ ＿＿＿＿＿ : 向银行或其他信用机构借钱，须在一定期限内归还，并支付利息。

2. 문장 완성하기

① 未来　做点儿　应该　的　为　什么　家人

＿＿＿＿＿＿＿＿＿＿＿＿＿＿＿＿＿＿＿＿＿＿

② 这玩意儿　我爱人　对　看不顺眼　当初　也　炒股

＿＿＿＿＿＿＿＿＿＿＿＿＿＿＿＿＿＿＿＿＿＿

③ 想象的　炒股　那么　你　没有　复杂

＿＿＿＿＿＿＿＿＿＿＿＿＿＿＿＿＿＿＿＿＿＿

④ 不看　保险　是　的　向来　好　我

＿＿＿＿＿＿＿＿＿＿＿＿＿＿＿＿＿＿＿＿＿＿

3. 말해보기

① 나는 주식을 전혀 몰라.

② 내가 널 위해 정보를 좀 줄게.

③ 사람들이 보험을 좀 좋지 않게 보아 왔지.

④ 나도 생각해보지 않은 것은 아니야.

MEMO

05 인터넷

📖 신조어 소개

社交网站shèjiāo wǎngzhàn 소셜 네트워킹 서비스(SNS)

컴퓨터 상에서 네티즌들은 주로 人人网, 同学网, 开心网 등의 커뮤니티 카페를 선호하였으나, 스마트폰의 보급으로 점차 시나 웨이보(新浪微博xīnlàng wēibó), 텐센트 웨이보(腾讯微博téngxùn wēibó: 일명 QQ) 등이 환영을 받고 있다. 요즘은 채팅이 가능한 위챗(微信wēixìn)이 이 강세를 보이며 사용자들을 끌어들이고 있다. 중국인들은 점점 더 많은 시간을 인터넷 서핑(上网冲浪shàngwǎng chōnglàng)과 인터넷 쇼핑(网上购物wǎngshàng gòuwù)에 할애하고 있다.

韩国人朴珍喜和日本人木村来中国学汉语，认识了张婷婷。在聊因特网和社交网站。

朴珍喜 好久没见。大家过得都好吧？

Hǎo jiǔ méi jiàn. Dàjiā guò de dōu hǎo ba?

张婷婷 虽然很长时间没有见面，但是通过博客、微博等保持了联系，过了一年才见面也感觉像昨天见过一样。

Suīrán hěn cháng shíjiān méiyǒu jiànmiàn, dànshì tōngguò bókè, wēibó děng bǎochíle liánxì, guò le yì nián cái jiànmiàn yě gǎnjué xiàng zuótiān jiànguò yíyàng.

木村 谁说不是呢。我跟东东是脸谱网(facebook)好友，天天访问彼此的页面了解最新动态，所以仿佛我们每天见面。我看你博客最近很红。

Shéi shuō bú shì ne. Wǒ gēn dōngdong shì liǎnpǔwǎng hǎoyǒu, tiāntiān fǎngwèn bǐcǐ de yèmiàn liǎojiě zuì xīn dòngtài, suǒyǐ fǎngfú wǒmen měitiān jiànmiàn. Wǒ kàn nǐ bókè zuìjìn hěn hóng.

朴珍喜 我网站的人气没有你说的那么旺。以前一发布博文，就有不少人跟帖。可现在只有一些网友进来贴"沙发、板凳"。可能是因为网上发表帖子全部要实行实名制，注册需要提供身份证信息进行认证。

Wǒ wǎngzhàn de rénqì méiyǒu nǐ shuō de nàme wàng. Yǐqián yì fābù bówén, jiùyǒu bù shǎo rén gēntiě. Kě xiànzài zhǐyǒu yìxiē wǎngyǒu jìnlái tiē "Shāfā, bǎndèng". Kěnéng shì yīnwèi wǎngshàng fābiǎo tiězi quánbù yào shíxíng shímíngzhì, zhùcè xūyào tígōng shēnfènzhèng xìnxī jìnxíng rènzhèng.

木村 对于微博实名制，一部分网友认为可以有效减少微博上不负责任的和有害的信息，另一部分网友则担心实名制后个人信息遭泄露，以及报料会受到打击报复等。

Duìyú wēibó shímíngzhì, yíbùfen wǎngyǒu rènwéi kěyǐ yǒuxiào jiǎnshǎo wēibóshang bú fùzérèn de hé yǒuhài de xìnxī, lìngyíbùfen wǎngyǒu zé dānxīn shímíngzhì hòu gèrén xìnxī zāo xièlòu, yǐjí bàoliào huì shòudào dǎjī bàofù děng.

张婷婷 就我的微博来说吧，那里都是些生活感悟、工作日志、朋友家人的故事等。记录着我生活和工作中的点点滴滴。

Jiù wǒ de wēibó láishuō ba, nàli dōu shì xiē shēnghuó gǎnwù, gōngzuò rìzhì, péngyou jiārén de gùshì děng. Jìlùzhe wǒ shēnghuó hé gōngzuò zhōng de diǎndiǎn dīdī.

朴珍喜 所以发表博文也很谨慎。既要选词正确，又要表达谨慎。而且对自己的帖子一概禁止灌水。

Suǒyǐ fābiǎo bówén yě hěn jǐnshèn. Jì yào xuǎncí zhèngquè, yòu yào biǎodá jǐnshèn. Érqiě duì zìjǐ de tiězi yígài jìnzhǐ guànshuǐ.

张婷婷 我呢，有一次被人砸帖，我没有直接回应，而是通过私信的方式进行回复。

Wǒ ne, yǒu yícì bèi rén zátiě, wǒ méiyǒu zhíjiē huíyìng, érshì tōngguò sīxìn de fāngshì jìnxíng huífù.

木村 网络是一个虚拟的空间，但它还是人与人交流后所产生的空间。作为网民应该懂得上网礼节。

Wǎngluò shì yí ge xūnǐ de kōngjiān, dàn tā háishì rén yǔ rén jiāoliú hòu suǒ chǎnshēng de kōngjiān. Zuòwéi wǎngmín yīnggāi dǒngde shàngwǎng lǐjié.

朴珍喜 可是有人经常在网上恶意散布一些虚假信息。

Kěshì yǒurén jīngcháng zài wǎngshàng èyì sànbù yìxiē xūjiǎ xìnxī.

木村　我觉得应该严格地管理那些不尊重别人的砸帖。

Wǒ juéde yīnggāi yángé de guǎnlǐ nàxiē bù zūnzhòng biérén de zátiě。

朴珍喜　人类已迈进信息时代，网络越来越强烈地介入我们的生活，越来越贴近我们。

Rénlèi yǐ màijìn xìnxī shídài, wǎngluò yuè lái yuè qiángliè de jièrù wǒmen de shēnghuó, yuè lái yuè tiējìn wǒmen。

张婷婷　电脑在普通家庭已经习以为常，用手机上网也已经不足为奇！

Diànnǎo zài pǔtōng jiātíng yǐjīng xíyǐwéicháng, yòng shǒujī shàngwǎng yě yǐjīng bùzúwéiqí!

木村　科技给人带来方便的同时，也会带来一些不小的麻烦。

Kējì gěi rén dàilái fāngbiàn de tóngshí, yě huì dàilái yìxiē bù xiǎo de máfan。

张婷婷　我们难道控制不了这些副作用吗？

Wǒmen nándào kòngzhìbuliǎo zhèxiē fùzuòyòng ma?

朴珍喜　只要合理运用科学，就可以创造一个更美好的世界。

Zhǐyào hélǐ yùnyòng kēxué, jiù kěyǐ chuàngzào yí ge gèng měihǎo de shìjiè。

博客 bókè 블로그

发布 fābù (글을) 올리다

博文 bówén 포스트

帖子 tiězi 게시글

跟帖 gēntiě 덧글 = 回帖 huítiě (c.f. 转载 리트윗, 转帖 퍼온 글)

网民 wǎngmín 네티즌 = 网友 wǎngyǒu

实名制 shímíngzhì 실명제

注册 zhùcè 등록하다. 회원가입을 하다

认证 rènzhèng 인증하다

个人信息 gèrén xìnxī 개인 정보

遭泄露 zāo xièlòu 유출되다

报料 bàoliào (유명인의) 사생활을 폭로하다

灌水 guànshuǐ 도배글

砸帖 zátiě 악플

习以为常 xíyǐwéicháng 습관이 되다. 예사롭다

不足为奇 bùzúwéiqí 이상하지 않다. 별로 신기하지 않다

1 所以仿佛我们每天见面。

Suǒyǐ fǎngfú wǒmen měitiān jiànmiàn。

2 我网站的人气没有你说的那么旺。

Wǒ wǎngzhàn de rénqì méiyǒu nǐ shuō de nàme wàng。

3 一发布博文, 就有不少人跟帖。

Yì fābù bówén, jiùyǒu bù shǎo rén gēntiě。

4 我没有直接回应, 而是通过私信的方式进行回复。

Wǒ méiyǒu zhíjiē huíyìng, érshì tōngguò sīxìn de fāngshì jìnxíng huífù。

5 只要合理运用科学, 就可以创造一个更美好的世界。

Zhǐyào hélǐ yùnyòng kēxué, jiù kěyǐ chuàngzào yí ge gèng měihǎo de shìjiè。

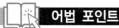

1 명사 중첩

'天天, 人人, 个个' 등 중첩 표현은 '전부, 모두, 각각'의 뜻을 나타낸다. 술어 앞에 '都'가 오기도 한다.

> 예 天天访问彼此的页面，了解最新动态。 매일 서로의 사이트에 방문해서 근황을 알아본다.
>
> 家家都有一本难念的经。 집집마다 말 못할 사정이 하나씩은 있다.

다음을 중첩 표현으로 바꾸기

① 游客的数量每年都在增长。 → _____

② 每人都有机会充分发挥着自己的才智。 → _____

③ 他拍的照片，每张都能给人留下深刻的印象。 → _____

2 有비교문

'A有B这么/那么 + 형용사'의 어순으로 쓰여 A와 B가 비슷한 점이 있는지를 비교하는 구문이다. '没有'를 쓰면 'A가 B만큼 ~하지 않다'는 뜻을 나타낸다.

> 예 他的猫有我的猫这么可爱。
> 그의 고양이는 내 고양이만큼 귀엽다.
>
> 我网站的人气没有你说的那么旺。
> 내 사이트의 인기는 네가 말하는 만큼 그렇게 인기가 있지는 않아.

다음을 '有'나 '没有'로 바꾸어 비교 표현 만들기

① 我的书很多，他的书也一样多。 → _____

② 她跑得快，我跑得不快。 → _____

③ 我的头发长，但是她的头发更长。 → _____

3 对于와 对

'对于'는 '어떤 일에 대한'의 뜻으로 '对'로 바꾸어 쓸 수 있다. 단, '어떤 사람에 대한 응대'를 나타낼 때는 반드시 '对'를 써야 한다.

예 对于微博实名制, 一部分网友担心个人信息遭泄露。
미니블로그 실명제에 대해 일부 네티즌은 개인정보 유출에 대해 걱정을 한다.

李老师对学生很热情。(对于学生(×))
이 선생님은 학생들에게 친절하다.

note '关于'는 '어떤 일에 관련되거나 포함된 내용'을 나타낼 때 쓴다.

예 我买了几本关于中国历史的书。나는 중국 역사에 관한 책을 몇 권 샀다.

다음 빈칸에 '对于, 对, 关于'를 골라 쓰기

① 毕业后, 我 _____ 母校还有感情。

② 我 _____ 这件事的前因后果非常清楚。

③ 我们在报上看到过 _____ 你的报道。

④ _____ 那段时期的很多事情, 我并不完全了解。

4 술어 수식 조사 地(de)

술어 앞에서 수식을 하거나 제한을 하는 '형용사, 수량사' 뒤에 '地'를 붙인다.

예 很严格地管理那些不尊重别人的砸帖。남을 존중하지 않는 악플을 엄격하게 관리한다.
网络越来越强烈地介入我们的生活。인터넷은 점점 우리 생활에 깊숙이 개입하고 있다.

알맞은 곳에 제시어를 넣기

① __A__ 网上购物在价格上 __B__ 满足了 __C__ 消费者的 __D__ 多样化需求。(最大限度地)

② __A__ 教室里 __B__ 正在上课, __C__ 有几十人在 __D__ 听讲。(专心地)

③ 他读完了 __A__ 这封信, __B__ 然后就 __C__ 把信放 __D__ 在桌子上了。(随便地)

5 只要……, 就……

> '~하기만 하면'라는 뜻으로 이 조건만 있으면 충분하다는 것을 나타낸다.
>
> 예 只要合理运用科学, 就可以创造一个更美好的世界。
> 합리적으로 과학을 이용하기만 하면 더 나은 세계를 만들 수 있다.

다음 빈칸에 제시어를 넣어 완성하기

① 가. 他什么时候给你打电话?

　　나. 他只要＿＿＿＿＿＿, 就给我打电话。(有时间)

② 가. 你什么时候去旅游?

　　나. 我只要＿＿＿＿＿, 就去旅游。(有钱)

③ 가. 明天天气好的话, 我们做什么?

　　나. 只要天气好, 我们就＿＿＿＿＿＿＿＿。(去公园玩儿)

연습문제

1. 단어 고르기

博客	网民	灌水	跟帖	报料

① _____ : 在网上发表的帖子后面, 写上自己的意见。

② _____ : 网络使用者或者网络受众。

③ _____ : 把别人的隐私公布出来, 以获得利益。

④ _____ : 网络日志, 是一种通常由个人管理、不定期张贴新的文章的网站。

⑤ _____ : 向网络论坛中发大量无意义的贴子。

2. 문장 완성하기

① 一　　就　　跟帖　　发布　　有　　不少人　　博文

　 ....

② 没有　　那么　　我　　人气　　你　　网站的　　说的　　旺

　 ....

③ 只要　　就　　合理　　更美好的　　运用科学　　可以创造　　一个　　世界

　 ....

④ 进行　　私信的　　通过　　方式　　回复

　 ....

3. 말해보기

① 그 블로그는 글이 올라오자마자 네티즌들이 댓글을 단다.

② 다른 사람을 존중하지 않는 악플을 다는 것에 대해 엄격한 관리를 해야 한다.

③ 나는 개인정보가 노출될까봐 걱정이다.

④ 핸드폰으로 인터넷을 하는 것도 이미 희귀한 일이 아니다.

06 통신

📖 신조어 소개

智能手机zhìnéng shǒujī 스마트 폰

우리 생활에서 없어는 안 되는 필수품이 되어버린 핸드폰. 다양한 앱을 다운 받아 편리하게 정보를 이용할 수 있다. 위치 추적(定位跟踪dìngwèi gēnzōng)이 가능하여 내비게이션(导航dǎoháng)의 역할도 할 뿐만 아니라 QR코드를 이용하여 금액을 결제할 수 있는 등, 여러 가지 기능을 가지고 있어 손에서 떨어지지 않는(爱不释手àibúshìshǒu) 필수품이다.

李星昊和张婷婷很久才见到，在咖啡厅聊天。

张婷婷 哇，你还用那款直板手机啊？都什么年代了？那款手机早就成古董了。

Wā, nǐ hái yòng nàkuǎn zhíbǎn shǒujī a? Dōu shénme niándài le? Nàkuǎn shǒujī zǎojiù chéng gǔdǒng le。

李星昊 嗐，别提了，我上个月刚换过手机，还是一部智能手机呢。

Hài, biétí le, wǒ shàng ge yuè gāng huànguò shǒujī, háishì yí bù zhìnéng shǒujī ne。

张婷婷 到底发生了什么事情，让你反潮流呢？

Dàodǐ fāshēngle shénme shìqíng, ràng nǐ fǎncháoliú ne?

李星昊 说来话长。上星期为了去国外出差，到旅行社办理签证去了。到那里才发现连钱包带手机都不见了。现在上博客、微博都用手机，现在突然没了很不方便。

Shuōlái huàcháng。Shàngxīngqī wèile qù guówài chūchāi, dào lǚxíngshè bànlǐ qiānzhèng qù le。Dào nàli cái fāxiàn lián qiánbāo dài shǒujī dōu bú jiàn le。Xiànzài shàng bókè、wēibó dōu yòng shǒujī, xiànzài tūrán méi le hěn bù fāngbiàn。

张婷婷 是啊。智能手机不仅仅是手机了，除了具备手机的通话功能外，还提供应用程序下载、音乐图片下载、扫描二维码等功能。

Shì a。Zhìnéng shǒujī bùjǐnjǐn shì shǒujī le, chúle jùbèi shǒujī de tōnghuà gōngnéng wài, hái tígōng yìngyòng chéngxù xiàzài、yīnyuè túpiàn xiàzài、sǎomiáo èrwéimǎ děng gōngnéng。

李星昊 用它查看股票、新闻、天气、交通、商品等的信息也易如反掌。

Yòng tā chákàn gǔpiào、xīnwén、tiānqì、jiāotōng、shāngpǐn děng de xìnxī yě yìrúfǎnzhǎng。

张婷婷 网络对我们生活方式的改变，从纸质书信到电话，再到电脑网络和智能手机，我们的沟通方式已发生了巨大的变化。

Wǎngluò duì wǒmen shēnghuó fāngshì de gǎibiàn, cóng zhǐzhì shūxìn dào diànhuà, zàidào diànnǎo wǎngluò hé zhìnéng shǒujī, wǒmen de gōutōng fāngshì yǐ fāshēngle jùdà de biànhuà。

李星昊 这一切都是仅仅在几年前还没有人会预料到的事情。

Zhè yíqiè dōu shì jǐnjǐn zài jǐniánqián hái méiyǒurén huì yùliàodào de shìqíng。

张婷婷 你看这咖啡店里坐的每个人，他们的视线寸步不离地看着自己手里的笔记本电脑、平板电脑或手机。

Nǐ kàn zhè kāfēidiànli zuò de měi ge rén, tāmen de shìxiàn cùnbù bùlí de kànzhe zìjǐ shǒuli de bǐjìběn diànnǎo、píngbǎn diànnǎo huò shǒujī。

李星昊 虽然坐在一起，但是很少有人跟同伴聊天，都各玩儿各的。

Suīrán zuòzài yìqǐ, dànshì hěnshǎo yǒurén gēn tóngbàn liáotiān, dōu gè wánr gè de。

张婷婷 虽说信息技术方便我们的生活、提高生活质量，但很容易造成人际关系的疏远，容易产生情感冷漠、性格孤僻等心理问题。

Suī shuō xìnxī jìshù fāngbiàn wǒmen de shēnghuó、tígāo shēnghuó zhìliàng, dàn hěn róngyì zàochéng rénjì guānxì de shūyuǎn, róngyì chǎnshēng qínggǎn lěngmò, xìnggé gūpì děng xīnlǐ wèntí。

李星昊 你的说法我很赞同，也很有同感。你用过手机聊天软件吗？我为了及时收发短信，连去卫生间也带上手机呢。

Nǐ de shuōfǎ wǒ hěn zàntóng, yě hěn yǒu tónggǎn。Nǐ yòngguò shǒujī liáotiān ruǎnjiàn ma? Wǒ wèile jíshí shōufā duǎnxìn, lián qù wèishēngjiān yě dàishàng shǒujī ne。

张婷婷 真拿你没办法！原来，你也是"手机控"啊。

Zhēn ná nǐ méi bànfǎ! yuánlái, nǐ yě shì "Shǒujīkòng" a。

直板手机 zhíbǎn shǒujī 스틱형 핸드폰
　　　　　　　　　(c.f. 滑盖手机 슬라이드식, 翻盖手机 플립식, 触屏手机 터치스크린식)

古董 gǔdǒng 골동품

反潮流 fǎncháoliú 유행에 역행하다

说来话长 shuōlái huàcháng 말하자면 길다

下载 xiàzài 다운로드 받다

扫描 sǎomiáo 스캔하다

二维码 èrwéimǎ QR코드 = QR码, 二维条码 èrwéi tiáomǎ (c.f. 条形码 바코드)

寸步不离 cùnbù bùlí 조금도 곁을 떠나지 않다

平板电脑 píngbǎn diànnǎo 태블릿 PC

手机聊天软件 shǒujī liáotiān ruǎnjiàn 채팅 어플

短信 duǎnxìn 문자 메시지

手机控 shǒujīkòng 핸드폰 중독

본문 따라 읽기

1 到那里才发现连钱包带手机都不见了。
　Dào nàli cái fāxiàn lián qiánbāo dài shǒujī dōu bú jiàn le。

2 除了具备手机的通话功能外，还提供应用程序下载等的功能。
　Chúle jùbèi shǒujī de tōnghuà gōngnéng wài, hái tígōng yìngyòng chéngxù xiàzài děng de gōngnéng。

3 我们的沟通方式已发生了巨大的变化。
　Wǒmen de gōutōng fāngshì yǐ fāshēngle jùdà de biànhuà。

4 他们的视线寸步不离地看着自己手里的手机。
　Tāmen de shìxiàn cùnbù bùlí de kànzhe zìjǐ shǒuli de shǒujī

5 你的说法我很赞同，也很有同感。
　Nǐ de shuōfǎ wǒ hěn zàntóng, yě hěn yǒu tónggǎn。

1 别~(了)

'~하지 마라'는 뜻의 명령을 나타낸다.

> 你别提了，一提起他就气死我了。말도마, 그 사람 얘기만 했다하면 화가나.
>
> 你说现在十二点？别开玩笑了！现在才九点五十分。
> 열두 시라고? 농담하지 마! 지금 9시 50분밖에 안됐어.

다음 문장을 '别'를 써서 명령문 만들기

① 가. 他解决不了这个问题，肯定很着急。

　나. 请他 _____，一定会想办法帮他解决。

② 가. 我要回去了。

　나. 雨下得这么大，你先 _____ 了。

③ 가. 我害怕考不上大学。

　나. _____ 失败，尽力而为就好。

2 从~到~

'~에서~까지'라는 뜻으로 시간, 공간, 현상의 처음과 마지막을 나타낸다.

> 从纸质书信到电话，再到电脑网络和智能手机，我们的沟通方式已发生了巨大的变化。
> 종이 편지에서 전화, 컴퓨터 인터넷과 스마트폰까지, 우리의 소통 방식은 크게 변화하였다.

다음 문장에 '从'과 '到'를 각각 알맞은 곳에 쓰기

①　A　动物园　B　天安门，我　C　不知道　D　倒了几趟车。

② 调查　A　显示　B　过半高中生　C　早　D　晚玩智能手机。

③　A　一些服装设计师的作品　B　面料　C　款式都　D　很有女人味。

3 才

‘…에야 비로소’라는 뜻으로 어느 시점(時點)에 이르러서야 비로소 동작·작용이 발생하게 됨을 나타낸다.

예 到旅行社办理签证去了，到那里才发现护照竟然已过有效期了。
여행사에 비자 신청을 하러 가서야 여권 유효 기간이 지난 것을 알았다.

다음 문장에 ‘才’를 넣어 ‘비로소’라는 의미를 나타내는 문장으로 바꾸기

① 我哥哥三十多结的婚。➡ _____

② 他住宿舍，一个礼拜回家一次。➡ _____

③ 下了车，我发现下错了站。➡ _____

4 原来

‘원래, 알고 보니’라는 뜻으로 몰랐던 일을 알게 되었음을 나타낸다.

예 原来，你也是“手机控”啊。 알고 보니 너도 핸드폰 중독이구나.

note ‘本来’는 ‘당연히 그러한 것, 줄곧 그랬던 것’이라는 의미를 나타낸다.

예 我本来想笑，但是想到他就在后面，我忍住了。
나는 웃음이 났지만, 그가 바로 뒤에 있는 게 생각이 나서 참았어.

다음 괄호에 ‘原来, 本来’ 중 알맞은 것을 고르기

① 我知道有这本护照，我能做 _____ 不能做的事，

② 我 _____ 也有机会赢得胜利，可是很遗憾，我没有能够把握住机会。

③ 我 _____ 应该堵住那个球，但是现在说什么都没用了。

④ 真没想到， _____ 你们画家这么穷！

⑤ 我 _____ 想一边读书一边打球，结果连打球的时间也挤不出来了。

5 除了

'除了……, 都'는 '～를 제외하고 모두'라는 뜻으로 '除了……' 부분에서 말한 것을 포함하지 않음을 나타내고, '除了……, 还'는 '～외에도 또'라는 뜻으로 '除了……' 부분까지 모두 포함함을 나타낸다.

예 除了辣的菜, 什么都能吃。 매운 음식 외에 아무거나 다 잘 먹는다.

除了具备手机的通话功能外, 还提供应用程序下载等的功能。
핸드폰 통화 기능 외에도 응용 프로그램 다운로드 등의 기능이 제공된다.

다음을 '除了……, 都' 또는 '除了……, 还'로 바꾸어 완성하고 한국어로 해석하기

① 打扫了所有的房间, 只有浴室没打扫。

→ 除了浴室以外, 所有的房间_____打扫完了。

② 他买了各种水果和许多蔬菜。

→ 除了各种水果外, 他_____买了许多蔬菜。

1. 단어 고르기

| 短信　　智能手机　　扫描　　手机控　　下载 |

① _____ : 总把手机带在身边，否则就心烦意乱。

② _____ : 像个人电脑一样，具有独立的操作系统，可以由用户自行安装软件、游
　　　　　　　　　戏、导航等程序。

③ _____ : 用户通过手机直接发送或接收的文字或数字信息。

④ _____ : 把互联网上的文件保存到本地电脑上。

⑤ _____ : 对某些文字图案的复制，并保存。

2. 문장 완성하기

① 才　　到那里　　不见了　　发现　　连　　带　　都　　钱包　　手机

_____

② 你的　　很赞同　　也　　说法　　我　　很有同感

_____

③ 他们的视线　　手里的　　看着　　手机　　寸步不离地　　自己

_____

④ 我们的　　巨大的　　已发生了　　变化　　沟通　　方式

_____

3. 말해보기

① 우리의 소통 방식은 이미 큰 변화를 겪었어.

② 지금은 블로그나 트위터도 핸드폰으로 하잖아.

③ 함께 앉아 있어도 서로 대화하는 사람은 별로 없고, 각자 핸드폰이나 태블릿PC를 보고
　있어.

④ 스마트폰은 통화 기능 외에 음악, 사진 등을 다운로드 할 수 있는 기능을 제공하고 있어.

MEMO

신조어 소개

潮范儿cháofànr 패셔니스타

유행(时尚shíshàng)의 흐름(潮流cháoliú)을 선도하는 사람들. 이제는 여자 패셔니스타 (潮女cháonǚ)에 못지않은 남자 패셔니스타(潮男cháonán)들도 적지 않게 주목을 받고 있다. 이들은 패션의 리더일 뿐만 아니라 행동이나 태도 등에서 풍겨 나오는 기질(气质 qìzhì)이 매우 개성적이며 강한 인상을 주면서 대중의 유행을 이끌고 있다. 그러나 이들 처럼 패셔니스타가 되려고 하다가는 지름신(购物欲望gòuwù yùwàng)을 부르게 될 수 도 있으니 현명한 쇼핑을 위한 계획이 필요하다.

大学同学张婷婷和陈妍在商店一边挑衣服一边聊天。

陈妍　快夏天了。我想买一身靓丽的衣服。但又想不出穿什么衣服，搭配什么妆容。你不是一向都非常会挑衣服吗？给我露一手吧。夏季商场的衣服让人眼花缭乱。

　　Kuài xiàtiān le。Wǒ xiǎng mǎi yìshēn liànglì de yīfu。Dàn yòu xiǎngbuchū chuān shénme yīfu, dāpèi shénme zhuāngróng。Nǐ búshì yíxiàng dōu fēicháng huì tiāo yīfu ma? Gěi wǒ lòu yì shǒu ba。Xiàjì shāngchǎng de yīfu ràng rén yǎnhuāliáoluàn。

张婷婷　在拿不定主意的情况下，不妨去商场听听导购员推荐的商场热卖爆款，说不定就有你想要的哦！你买它肯定错不了，会十分具有潮范儿。

　　Zài nábudìng zhǔyì de qíngkuàng xià, bùfáng qù shāngchǎng tīngting dǎogòuyuán tuījiàn de shāngchǎng rèmài bàokuǎn, shuōbudìng jiù yǒu nǐ xiǎngyào de o! Nǐ mǎi tā kěndìng cuòbuliǎo, huì shífēn jùyǒu cháofànr。

陈妍　导购他们都是油嘴滑舌。为了让顾客掏钱，说得倒挺好听。我担心被人给坑了。

　　Dǎogòu tāmen dōu shì yóuzuǐhuáshé。Wèile ràng gùkè tāo qián, shuō de dào tǐng hǎotīng。Wǒ dānxīn bèi rén gěi kēng le。

张婷婷　这有办法。近几年，国内服装网络市场迅猛发展。我们还可以上网搜团购，是又方便又快捷的购物方式。

Zhè yǒu bànfǎ。Jìn jǐ nián, guónèi fúzhuāng wǎngluò shìchǎng xùnměng fāzhǎn。Wǒmen hái kěyǐ shàngwǎng sōu tuángòu, shì yòu fāngbiàn yòu kuàijié de gòuwù fāngshì。

陈妍　原来如此啊！看来，你是经常上网买东西吧？

Yuánlái rúcǐ a! Kànlái, nǐ shì jīngcháng shàngwǎng mǎi dōngxi ba?

张婷婷　很多宅男宅女已经把网购当做日常生活的一部分了，买衣服可以网购，买生活用品可以网购，甚至是订餐也可以网购，网上东西很全。

Hěnduō zháinán zháinǚ yǐjīng bǎ wǎnggòu dāngzuò rìcháng shēnghuó de yíbùfen le, mǎi yīfu kěyǐ wǎnggòu, mǎi shēnghuó yòngpǐn kěyǐ wǎnggòu, shènzhì shì dìngcān yě kěyǐ wǎnggòu, wǎngshàng dōngxi hěn quán。

陈妍　这么一来，在网上只有想不到，没有买不到。平时白天没时间去商场购物，网购大大丰富了我们的生活。

Zhème yìlái, zài wǎngshàng zhǐyǒu xiǎngbudào, méiyǒu mǎibudào。Píngshí báitiān méi shíjiān qù shāngchǎng gòuwù, wǎnggòu dàdà fēngfùle wǒmen de shēnghuó。

张婷婷　我有一个喜欢追赶流行的同事，最近几乎没有让我陪她出去逛街。后来才知道原来她也网购成瘾了！

Wǒ yǒu yí ge xǐhuan zhuīgǎn liúxíng de tóngshì, zuìjìn jīhū méiyǒu ràng wǒ péi tā chūqù guàngjiē。Hòulái cái zhīdào yuánlái tā yě wǎnggòu chéngyǐn le!

张婷婷打开手机上网。

张婷婷　我说，你不是想买衣服吗？你看，今年流行雪纺衫，清凉的料子和柔美融合在一起，是很多潮人们的最爱。

Wǒ shuō, nǐ búshì xiǎng mǎi yīfu ma? Nǐ kàn, jīnnián liúxíng xuěfǎngshān, qīngliáng de liàozi hé róuměi rónghé zài yìqǐ, shì hěnduō cháorénmen de zuì'ài。

陈妍　噢！这家网店的服装人气最旺。上次出货的夏季新款女装蝙蝠袖T恤也不到10分钟就被抢购一空。

Ō! Zhè jiā wǎngdiàn de fúzhuāng rénqì zuì wàng. Shàngcì chūhuò de xiàjì xīnkuǎn nǚzhuāng biānfúxiù Txù yě búdào 10fēnzhōng jiù bèi qiǎnggòu yìkōng.

张婷婷　这条蕾丝短袖连衣裙今天半价秒杀，还免运费呢！

Zhè tiáo lěisī duǎnxiù liányīqún jīntiān bànjià miǎoshā, hái miǎn yùnfèi ne!

陈妍　不过网上怎么付费？

Búguò wǎngshàng zěnme fùfèi?

张婷婷　网购程序并不复杂，通过网上银行用银行账号或信用卡的号码进行在线支付就可以了。如果还是放心不下，你可以选择货到付款的方式。

Wǎnggòu chéngxù bìng bú fùzá, tōngguò wǎngshàng yínháng yòng yínháng zhànghào huò xìnyòngkǎ de hàomǎ jìnxíng zàixiàn zhīfù jiù kěyǐ le. Rúguǒ háishì fàngxīnbuxià, nǐ kěyǐ xuǎnzé huòdào fùkuǎn de fāngshì.

陈妍　我看，网购同时也受到众多不愿逛街的男士的欢迎。

Wǒkàn, wǎnggòu tóngshí yě shòudào zhòngduō bú yuàn guàngjiē de nánshì de huānyíng.

张婷婷　也是。网购省钱、省时又省力。

Yě shì. wǎnggòu shěngqián、shěngshí yòu shěnglì。

导购 dǎogòu 상품을 구매하도록 유도하다

热卖 rèmài 불티나게 팔리다

爆款 bàokuǎn 베스트셀러. 주문 폭주

团购 tuángòu 공동 구매. 소셜 커머스

宅男宅女 zháinán zháinǚ 은둔형 외톨이

网购 wǎnggòu 인터넷 쇼핑 = 网络购物 wǎngluò gòuwù

成瘾 chéngyǐn 중독

雪纺衫 xuěfǎngshān 쉬폰 블라우스

最爱 zuì'ài 위시(wish) 아이템

蝙蝠袖T恤 biānfúxiù Txù 가오리 소매 티셔츠

抢购 qiǎnggòu 다투어 구매하다

蕾丝短袖 lěisī duǎnxiù 레이스 반팔

秒杀 miǎoshā 한정 할인 판매

网上银行 wǎngshàng yínháng 인터넷 뱅킹 = 网银 wǎngyín

免运费 miǎn yùnfèi 무료 배송 = 包邮 bāoyóu (c.f. 到付快递 착불)

在线支付 zàixiàn zhīfù 실시간 결제

货到付款 huòdào fùkuǎn 후불제

眼花缭乱 yǎnhuāliáoluàn 요란하여 눈이 어지럽다

油嘴滑舌 yóuzuǐhuáshé 입만 살아서 말은 잘하지만 실속이 없다

본문 따라 읽기

1 在拿不定主意的情况下, 不妨去商场听听导购员推荐的商场热卖爆款。

Zài nábudìng zhǔyì de qíngkuàng xià, bùfáng qù shāngchǎng tīngting dǎogòuyuán tuījiàn de shāngchǎng rèmài bàokuǎn。

2 我担心被人给坑了。

Wǒ dānxīn bèi rén gěi kēng le。

3 是又方便又快捷的购物方式。

Shì yòu fāngbiàn yòu kuàijié de gòuwù fāngshì。

4 很多宅男宅女已经把网购当做日常生活的一部分了。

Hěnduō zháinán zháinǚ yǐjīng bǎ wǎnggòu dāngzuò rìcháng shēnghuó de yíbùfen le。

5 网购同时也受到众多不愿逛街的男士的欢迎。

Wǎnggòu tóngshí yě shòudào zhòngduō bú yuàn guàngjiē de nánshì de huānyíng。

1 不是~吗?

'~한 것 아니야?'라는 뜻으로 긍정의 대답을 얻기 위해 묻는 물음이다.

> 예 你不是一向都非常会挑衣服吗? 너는 줄곧 옷을 잘 고르지 않았어?
>
> 你不是想买衣服吗? 너는 옷을 사고 싶다고 하지 않았어?

다음을 '不是~吗?' 의문문으로 바꾸기

① 你看, 他是你要找的人。 → _____

② 现在再去求人家, 太没面子了。 → _____

③ 刚吃过饭了, 你怎么又饿了? → _____

④ 你喜欢逛商场, 怎么什么也没有买? → _____

2 以X为Y

'X를 Y로 삼다'라는 뜻으로 X와 Y는 주로 명사 성분이다.

> 예 以淘宝、凡客、京东网为代表 타오바오, 판커, 징둥으로 대표되는 사이트

다음 주어진 구문을 알맞은 자리에 넣어 완성하기

① 多种　A　学习软件极大地　B　打开了　C　教育　D　视野。(以学生为主体的)

② 　A　他的　B　目标是　C　写一本　D　著作。(以事实为基础的)

③ 一个　A　计算机新时代　B　已经到来, 信息社会　C　正迅速成为现实　D　。(以网络为中心的)

3 没有~V

예 平时白天没时间去商场购物。 평소 낮에는 상점에 쇼핑을 갈 시간이 없다.

다음 문장을 ‘没有’를 써서 대답하기

① 가. 你买新车了吗？

나. ＿＿＿＿＿＿＿＿＿＿＿＿＿＿＿＿＿。(钱)

② 가. 你吃过饭了吗？

나. ＿＿＿＿＿＿＿＿＿＿＿＿＿＿＿＿＿。(时间)

③ 가. 你要拒绝他的邀请吗？

나. ＿＿＿＿＿＿＿＿＿＿＿＿＿＿＿＿＿。(理由)

4 还 (hái)

예 这条蕾丝短袖连衣裙今天半价秒杀, 还免运费呢！
레이스 반팔 원피스가 오늘 반값에 한정 판매를 하는데 게다가 무료 배송이네!

다음 문장을 ‘还’가 들어간 문장으로 바꾸기

① 我现在解决了生计问题, 可以存一大笔钱。 → ＿＿＿＿＿＿＿＿＿＿＿＿＿＿＿

② 她住到我家里, 帮我做饭。 → ＿＿＿＿＿＿＿＿＿＿＿＿＿＿＿

③ 这台进口彩电里面的说明, 有英文, 有中文。 → ＿＿＿＿＿＿＿＿＿＿＿＿＿

5 把~V

'~을 어찌하다'라는 뜻으로 어떠한 대상에 대한 동작의 결과를 나타낸다. V는 동사 단독으로 오지
못하고 보어와 같은 부속 성분과 함께 쓰인다.

> 예 很多宅男宅女已经把网购当做日常生活的一部分了。
> 집에만 은둔하는 사람들은 인터넷 쇼핑을 일상생활의 일부로 여긴다.

다음을 '把'를 이용해서 완성하기

① 他一不小心打碎了玻璃杯。 ➡ _____

② 你要在银行存那笔。 ➡ _____

③ 不管出什么事，今天我要看完这本书。 ➡ _____

1. 단어 고르기

团购   网购   抢购   最爱   包邮

① _____ : 由卖家承担货物运送的费用。

② _____ : 团体购物, 指消费者联合起来, 求得最优价格的一种购物方式。

③ _____ : 东西便宜卖出但数量有限,消费者要抢先购买。

④ _____ : 通过互联网检索商品信息, 并发出购物请求, 厂商通过邮购的方式发货, 或是通过快递公司送货上门。

⑤ _____ : 非常想要、很想拥有的。

2. 문장 완성하기

① 是 又 的 又 快捷 购物 方便 方式

_____

② 担心 了 给坑 被人 我

_____

③ 同时 也 逛街的 受到 欢迎 不愿 男士的 众多 网购

_____

④ 很多 一部分 宅男宅女 把 了 网购 当做 已经 日常生活 的

_____

⑤ 商场 导购员 听听 推荐的 去 热卖爆款 不妨

_____

3. 말해보기

① 평소에는 상점에 쇼핑하러 갈 시간이 없어.

② 인터넷 쇼핑은 편리하면서도 신속한 구매 방식이야.

③ 그녀는 분명 인터넷 쇼핑 중독일 거야.

④ 소셜커머스에서는 날마다 반값 한정 판매를 해서 어떤 상품들은 자주 주문이 폭주하기도 해.

08 생활

📖 신조어 소개

裸婚luǒhūn 간소한 결혼

주로 80년대생(八零后bālínghòu) 세대들에게서 나타나는 결혼 방식이다. 이들은 집, 차, 결혼식, 반지 등 격식은 차리지 않고 혼인 신고(领证结婚lǐngzhèng jiéhūn)만으로 간소하게 결혼 생활을 시작한다. 이러한 현상은 물질 만능의 관념을 타파한 젊은이들이 배우자 선택 기준(择偶标准zé'ǒu biāozhǔn)을 바꾸어 놓았음을 보여준다.

大学同学聚在一起，聊结婚。

张亮   我说，你们都奔三十的人了。怎么还没有结婚？也不处朋友。

       Wǒ shuō, nǐmen dōu bèn sānshí de rén le。Zěnme hái méiyǒu jiéhūn? Yě bù chǔ péngyou。

陈妍   我还没有遇到缘分。谁来给我做个媒吧。

       Wǒ hái méiyǒu yùdào yuánfèn。Shéi lái gěi wǒ zuò ge méi ba。

张婷婷   你不是说不想生孩子吗？怎么，改变主意了？

       Nǐ búshì shuō bù xiǎng shēng háizi ma? Zěnme, gǎibiàn zhǔyì le?

陈妍   结婚不一定要生孩子。我追求丁克生活。一个人太孤单了，要有人相伴才好。不过孩子可能成为婚姻的牵绊，所以想当丁克族。没有孩子的拖累，想干嘛就干嘛。

       Jiéhūn bùyídìng yào shēng háizi。Wǒ zhuīqiú dīngkè shēnghuó。Yí ge rén tài gūdān le, yào yǒurén xiāngbàn cái hǎo。Búguò háizi kěnéng chéngwéi hūnyīn de qiānbàn, suǒyǐ xiǎng dāng dīngkèzú。Méiyǒu háizi de tuōlèi, xiǎng gànmá jiù gànmá。

张婷婷   我越来越没有结婚的想法。

       Wǒ yuè lái yuè méiyǒu jiéhūn de xiǎngfǎ。

陈妍 你只是嘴硬而已。说不定突然有一天遇到真命天子，要闪婚。

Nǐ zhǐshì zuǐyìng éryǐ。 Shuōbudìng tūrán yǒu yìtiān yùdào zhēnmìng tiānzǐ, yào shǎnhūn。

张婷婷 闪婚可能会闪离。我才不会那么傻。我是烦现在结婚又要问房又要问收入。

Shǎnhūn kěnéng huì shǎnlí。 Wǒ cái bú huì nàme shǎ。 Wǒ shì fán xiànzài jiéhūn yòu yào wèn fáng yòu yào wèn shōurù。

张亮 现在在中国年轻人中裸婚悄然流行。裸婚是不买房、不买车、不办婚礼、甚至没有婚戒而直接领证的一种简朴的结婚方式。

Xiànzài zài Zhōngguó niánqīngrén zhōng luǒhūn qiāorán liúxíng。 Luǒhūn shì bù mǎi fáng、 bù mǎi chē、 bú bàn hūnlǐ、 shènzhì méiyǒu hūnjiè ér zhíjiē lǐngzhèng de yì zhǒng jiǎnpǔ de jiéhūn fāngshì。

张婷婷 结婚后，还会发生一些情况。没有准备好就结婚，会手忙脚乱的。

Jiéhūn hòu, háihuì fāshēng yìxiē qíngkuàng。 Méiyǒu zhǔnbèihǎo jiù jiéhūn, huì shǒumángjiǎoluàn de。

陈妍 我想跨国婚姻也不错吧。也许不用烦恼出多少嫁妆。

Wǒ xiǎng kuàguó hūnyīn yě búcuò ba。 Yěxǔ búyòng fánnǎo chū duōshao jiàzhuang。

张婷婷 我还是喜欢现在这样，和我可爱的小猫眯住在一起。

Wǒ háishì xǐhuān xiànzài zhèyàng, hé wǒ kě'ài de xiǎomāomī zhùzài yìqǐ。

张亮 真拿你们没办法。一个要当丁克族，一个要当丁宠族。

Zhēn ná nǐmen méi bànfǎ。 Yí ge yào dāng dīngkèzú, yí ge yào dāng dīngchǒngzú。

丁克族 dīngkèzú   딩크족(Dink族, Double Income No Kids의 약칭)

丁克生活 dīngkè shēnghuó   딩크족 생활

牵绊 qiānbàn   방해되다. 걸림돌

拖累 tuōlèi   시달림. 부담

嘴硬 zuǐyìng   고집이 세다. 억지로 우기다

真命天子 zhēnmìng tiānzǐ   천생연분

闪婚 shǎnhūn   서둘러 결혼하다. 사귄지 얼마 되지 않아 결혼하다

闪离 shǎnlí   결혼한 지 얼마 되지 않아 바로 이혼하다

手忙脚乱 shǒumángjiǎoluàn   허둥거리다. 허둥지둥하다

跨国婚姻 kuàguó hūnyīn   국제결혼

嫁妆 jiàzhuang   혼수

丁宠族 dīngchǒngzú   애완동물을 자식처럼 키우는 딩크족

본문 따라 읽기

1 谁来给我做个媒吧。
Shéi lái gěi wǒ zuò ge méi ba。

2 怎么，改变主意了？
Zěnme, gǎibiàn zhǔyì le?

3 结婚不一定要生孩子。
Jiéhūn bùyídìng yào shēng háizi。

4 你只是嘴硬而已。说不定突然有一天遇到真命天子，要闪婚。
Nǐ zhǐshì zuǐyìng éryǐ。shuōbudìng tūrán yǒu yìtiān yùdào zhēnmìng tiānzǐ, yào shǎnhūn。

5 我想跨国婚姻也不错吧。也许不用烦恼出多少嫁妆。
Wǒ xiǎng kuàguó hūnyīn yě búcuò ba。Yěxǔ búyòng fánnǎo chū duōshao jiàzhuang。

1 都~(了)

'이미, 벌써'의 뜻으로 시간이나 수량에 쓰여 상황이 그렇게 되어 버렸음 혹은 시간이 빠르게 흘렀음을 나타낸다.

> 예 你们都奔三十的人了。 너희도 벌써 서른이 다 돼간다.

다음 문장을 '都~了'로 바꾸기

① 我今年退休20多年。 → _____

② 我三个月没钱付房租。 → _____

③ 又一想, 这个时候, 还什么面子不面子的。 → _____

2 太~(了)

'너무, 너무나'의 뜻으로 정도를 뛰어 넘어 상태가 보통이 아님을 나타낸다.

> 예 一个人太孤单了, 要有人相伴才好。
> 혼자는 너무 외로우니, 누군가 함께 하는 게 좋다.

다음 문장을 '太~(了)'로 바꾸기

① 你似乎把事情想得复杂一点。 → _____

② 我感觉我这样做对他不公平。 → _____

③ 现在再去求人家, 不是没面子吗? → _____

④ 我不禁感叹, 世界变化得真是快。 → _____

3 想 X 就 X

'~하고 싶으면 ~한다'는 뜻으로 마음 내키는 대로 한다는 의미이다.
예 想干嘛就干嘛。 하고 싶은 대로 해라.

다음 대화를 '想X就X'를 써서 완성하기

① 가. 天很热, 太阳晒得很。我很想喝水。

　　나. ＿＿＿＿＿＿＿＿＿＿＿＿＿＿＿＿＿＿＿＿＿。

② 가. 我不知道该怎么说。

　　나. 别紧张。你想说什么, ＿＿＿＿＿＿＿＿＿＿＿＿＿＿＿。

③ 가. 我工作太累了, 想辞职。

　　나. 现在经济不景气, 如果 ＿＿＿＿＿＿＿＿＿＿＿, 你会后悔的。

4 甚至

'심지어'라는 뜻으로 어떤 일이 특히 두드러지고 뚜렷하다는 의미를 나타낸다.
예 我们结婚打算不买房、不买车、不办婚礼甚至不买婚戒。
　우리는 결혼할 때 집이나 차를 사지 않고, 결혼식도 안하고 결혼반지조차도 하지 않으려고
　한다.

다음 문장에서 '甚至'가 들어갈 알맞은 곳을 고르기

① 他根本　A　没有想过　B　谈恋爱, C　没有想过　D　自己这么早结婚。

②　A　环境污染问题　B　是不分国界的, 需要　C　众多国家　D　全球的共同努力
　才能解决。

③ 有的恒星　A　个头比地球　B　要小, 有些　C　比月球还　D　要小, 它们的颜色发白。

5 要

'마땅히 ~해야 한다'는 뜻으로, 부정을 나타내는 '~할 필요가 없다'는 뜻일 경우에는 '不用, 不必, 不一定要, 用不着' 등을 써서 나타낸다.

예 结婚不一定要生孩子。 결혼을 한다고 해서 반드시 아이를 낳아야 하는 것은 아니다.

note '不要'는 '~하지 마라'는 금지의 뜻으로 쓰인다.

예 千万不要讲大话。 제발 큰소리치지 마라.

不要担心, 你行的。 걱정하지 마, 넌 할 수 있어.

다음 괄호에 '不用'과 '不要' 중 알맞은 것을 골라 넣기

① 她要求我 _____ 做坏事。

② 我好高兴, 总算 _____ 再过那样的生活了。

③ _____ 随地吐痰、擤鼻涕, 也 _____ 在公共场所对着人咳嗽或打喷嚏。

④ 你 _____ 去找他。他一会儿就把稿子寄来的。

1. 단어 고르기

裸婚　　丁克族　　闪婚　　跨国婚姻

① ＿＿＿＿＿ : 闪电式结婚, 从认识到结婚时间相当短。

② ＿＿＿＿＿ : 不买房、不买车、不办婚礼甚至没有婚戒而直接领证的一种简朴的结婚方式

③ ＿＿＿＿＿ : 不同国家的人之间所结成的婚姻关系。

④ ＿＿＿＿＿ : 固守双收入、没有子女的家庭模式的都市人群。

2. 문장 완성하기

① 谁　个　我　来　吧　给　做　媒

＿＿＿＿＿＿＿＿＿＿＿＿＿＿＿＿＿＿＿＿

② 突然　说不定　有一天　真命天子　遇到

＿＿＿＿＿＿＿＿＿＿＿＿＿＿＿＿＿＿＿＿

③ 不　生　结婚　孩子　一定　要

＿＿＿＿＿＿＿＿＿＿＿＿＿＿＿＿＿＿＿＿

④ 不用　嫁妆　出　也许　烦恼　多少

＿＿＿＿＿＿＿＿＿＿＿＿＿＿＿＿＿＿＿＿

3. 말해보기

① 나는 아직 인연을 못 만났어.

② 나는 점점 더 결혼 생각이 없어져.

③ 준비 없이 결혼했다가는 허둥거리게 될 거야.

④ 나는 국제결혼도 괜찮다고 생각해.

MEMO

09 교육

📖 신조어 소개

一考定终身yìkǎo dìng zhōngshēn 한 번의 시험으로 인생을 결정함

학벌과 인맥을 중요하게 여기는 중국과 한국에서는 대학 간판(大学牌子dàxué páizi)이 매우 중시되고 있다. 이 한 번의 시험을 성공적으로 치르기 위해 학부모들은 수단과 방법을 가리지 않는다. 우수 학교(重点学校zhòngdiǎn xuéxiào)에 가기 위해 유치원 대신 예비 초등반(学前班xuéqiánbān)에 지원을 하고, 명문 중학교에 들어가기 위해 준비를 하는 학원(占坑班zhànkēngbān)에 등록을 하는 등 엄청난 교육열을 보이고 있다.

韩国学生金秀真和中国学生杨光在聊各自国家的高考问题。

金秀真 今年轮到我表妹当"考奴"了。

Jīnnián lúndào wǒ biǎomèi dāng "Kǎonú" le。

杨光 她也高三啊？

Tā yě gāosān a?

金秀真 哪儿啊！她要上初中了。你知道现在有些人盲目追求高学历，家长和学生都在某种程度上相信一考定终身。

Nǎr a! Tā yào shàng chūzhōng le。Nǐ zhīdào xiànzài yǒuxiērén mángmù zhuīqiú gāoxuélì, jiāzhǎng hé xuésheng dōu zài mǒuzhǒng chéngdùshang xiāngxìn yìkǎo dìng zhōngshēn。

杨光 中国也是这样。家长为了让孩子"小升初"能够顺利进入理想初中，安排孩子参加各名校组织的培训班或社会培训机构考试。

Zhōngguó yě shì zhèyàng。Jiāzhǎng wèile ràng háizi "Xiǎo shēng chū" nénggòu shùnlì jìnrù lǐxiǎng chūzhōng, ānpái háizi cānjiā gè míngxiào zǔzhī de péixùnbān huò shèhuì péixùn jīgòu kǎoshì。

金秀真　听说，要进这种培训班也是要考试的。

Tīngshuō, yào jìn zhèzhǒng péixùnbān yě shì yào kǎoshì de。

杨光　但是，上了培训班并不意味着将来就一定能上这所学校，只是增加了能参加该校最后录取考试的机会。

Dànshì, shàngle péixùnbān bìng bú yìwèizhe jiānglái jiù yídìng néng shàng zhèsuǒ xuéxiào, zhǐshì zēngjiāle néng cānjiā gāixiào zuìhòu lùqǔ kǎoshì de jīhuì。

金秀真　当初，我来中国留学也不是自愿的。在近年日益高涨的留学热潮中，不少学生既不知道自己为什么要出国，也完全没有对海外学习生活做好准备，就"不明不白"地被父母送了出去。

Dāngchū, wǒ lái Zhōngguó liúxué yě búshì zìyuàn de。Zài jìnnián rìyì gāozhǎng de liúxué rècháo zhōng, bù shǎo xuésheng jì bù zhīdào zìjǐ wèishénme yào chūguó, yě wánquán méiyǒu duì hǎiwài xuéxí shēnghuó zuòhǎo zhǔnbèi, jiù "bùmíngbùbái" de bèi fùmǔ sòngle chūqù。

杨光　你就是"被留学"的呀！

Nǐ jiùshì "Bèi liúxué" de ya!

金秀真　别说得那么难听。我父母想让我到国外开开眼界，增长知识，才送我到中国来读书。后来我自己就喜欢起中国文化，愿意在这里上学。

Bié shuō de nàme nántīng。Wǒ fùmǔ xiǎng ràng wǒ dào guówài kāikai yǎnjiè, zēngzhǎng zhīshi, cái sòng wǒ dào Zhōngguó lái dúshū。Hòulái wǒ zìjǐ jiù xǐhuanqǐ Zhōngguó wénhuà, yuànyì zài zhèlǐ shàngxué。

杨光　别误会，中国也开始盛行低龄留学。自己不明不白留学的学生人数不断增多，引起了各种问题。

Bié wùhuì, Zhōngguó yě kāishǐ shèngxíng dīlíng liúxué。Zìjǐ bùmíngbùbái liúxué de xuésheng rénshù búduàn zēngduō, yǐnqǐle gèzhǒng wèntí。

金秀真 听说，期末将近，一些本该是临考最辛苦的初三、高三毕业班里，空位子却越来越多。

Tīngshuō, qīmò jiāngjìn, yìxiē běn gāi shì línkǎo zuì xīnkǔ de chūsān、gāosān bìyèbānli, kòngwèizi què yuè lái yuè duō。

杨光 是啊。个别学校甚至出现所谓的"空巢班"。要么准备出国的学生，要么体育类、艺术类的特长生，空出了位置。

Shì a。Gèbié xuéxiào shènzhì chūxiàn suǒwèi de "Kōngcháobān"。Yàome zhǔnbèi chūguó de xuésheng, yàome tǐyùlèi、yìshùlèi de tèchángshēng, kòngchūle wèizhì。

金秀真 他们这么做不都是为了考取一个好大学?

Tāmen zhème zuò bù dōu shì wèile kǎoqǔ yí ge hǎo dàxué?

杨光 我怎么不知道？中韩两国都能看到这些现象。

Wǒ zěnme bù zhīdào? Zhōng Hán liǎng guó dōu néng kàndào zhèxiē xiànxiàng。

金秀真 中韩都对教育的热情非常高。一直多年不变的"一考定终身"高考制度，弊病多多，的确需要加以有效改革。

Zhōng Hán dōu duì jiàoyù de rèqíng fēicháng gāo。Yìzhí duōnián búbiàn de "Yìkǎo dìng zhōngshēn" gāokǎo zhìdù, bìbìng duōduō, díquè xūyào jiāyǐ yǒuxiào gǎigé。

考奴 kǎonú 시험의 노예

盲目 mángmù 맹목적

追求 zhuīqiú 쫓다

小升初 xiǎo shēng chū 초등학교에서 중학교로 올라가다

占坑班 zhànkēngbān 명문 학교에 입학하기 위해 준비하는 반

培训班 péixùnbān 양성반. 육성반

留学热潮 liúxué rècháo 유학 열풍

被留学 bèi liúxué 유학 보내지다

开眼界 kāi yǎnjiè 견문을 넓히다

增长知识 zēngzhǎng zhīshi 지식을 쌓다

低龄留学 dīlíng liúxué 조기 유학

不明不白 bùmíngbùbái 명백하지 못하다. 애매하다

空巢班 kōngcháobān 결석한 학생이 많은 교실. [대입 준비 등의 이유로 출석률이 낮아지는 현상을 말함]

高考 gāokǎo 대학 입시 시험

弊病 bìbìng 폐단. 결함

본문 따라 읽기

1 家长安排孩子参加各名校组织的培训班。
   Jiāzhǎng ānpái háizi cānjiā gè míngxiào zǔzhī de péixùnbān.

2 对海外学习生活完全没有做好准备。
   Duì hǎiwài xuéxí shēnghuó wánquán méiyǒu zuòhǎo zhǔnbèi.

3 我父母想让我到国外开开眼界，增长知识，才送我到中国来读书。
   Wǒ fùmǔ xiǎng ràng wǒ dào guówài kāikai yǎnjiè, zēngzhǎng zhīshi, cái sòng wǒ dào Zhōngguó lái dúshū.

4 要么准备出国的学生，要么体育类、艺术类的特长生空出了位置。
   Yàome zhǔnbèi chūguó de xué sheng, yàome tǐyùlèi、 yìshùlèi de tèchángshēng kòngchūle wèizhì.

5 中韩都对教育的热情非常高。
   Zhōng Hán dōu duì jiàoyù de rèqíng fēicháng gāo.

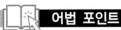

1 要~了

'快~了, 快要~了'와 같이 '곧 ~하려고 하다'의 뜻을 나타낸다.
- 예 她要上初中了。그녀는 곧 중학교에 들어간다.

다음 대화를 '要~了'을 써서 완성하기

① 가. 你有没有吃的？我＿＿＿＿＿＿＿＿＿＿＿。(饿死)

　　나. 我这里有一些饼干。要不要？

② 가. 怎么？你要回去吗？

　　나. 天＿＿＿＿＿＿＿＿＿, 我该回家了。(黑)

③ 가. 看天色似乎＿＿＿＿＿＿＿＿＿＿。(下雨)

　　나. 还好, 我带了雨伞。

2 为了~

'~하기 위해서'라는 뜻으로 어떤 내용의 목적을 나타낸다.
- 예 家长为了让孩子能够进入理想初中, 安排孩子参加各种培训班。
  학부모들은 아이를 좋은 중학교에 보내기 위해 각종 학원에 보낸다.

  "占坑"班是学生为了增加考上某个学校的机会, 而参加该校组织的培训班。
  '예비반'은 특정 학교에 들어갈 기회를 높이기 위해 참가하는 그 학교에서 개설한 양성반이다.

- note '为'(wèi)는 주로 '어떤 대상을 위한다' 혹은 '어떤 원인에 의해서'라는 의미인 경우에 쓰인다.
- 예 为贫民舍粥。빈민을 위해 죽을 베풀다.

  为出国学习做准备。국외로 공부하러 가기 위해 준비하다.

다음을 '为' 혹은 '为了'를 써서 완성하기

① ＿＿＿＿扩大我的知名度, 他特意＿＿＿＿我安排了一次唱片的签售活动。

② 他们＿＿＿＿这个村子做了不少好事。

③ _____和他保持联系，我经常给他打电话。

3 既……，也……

> '~이기도 하고 ~이기도 하고'의 뜻으로 두 가지의 상태를 겸비하고 있음을 나타낸다.
>
> 📖 不少学生既不知道自己为什么要出国，也完全没有对海外学习生活做好准备。
> 많은 학생들이 왜 본인이 외국에 가야하는지 모르며, 유학 생활에 대한 준비도 전혀 되어
> 있지 않다.

다음 대화를 완성하기

① 가. 你们那儿的气候怎么样？

　　나. 我们那儿一年里_____。(有雨季 / 有旱季)

② 가. 这个瓶子能装什么？

　　나. 这个瓶子_____。(可以装水 / 可以装酒、装油)

③ 가. 今天参加活动的人多吗？

　　나. 挺多的。他们中间_____。(有年轻人 / 有老人和儿童)

4 被

> '~에 의해서 ~을 당하다'의 뜻으로 주어는 행위를 당하는 자를 나타내고, '被' 뒤에는 구체적인
> 행위자나 책임의 소재를 나타내며 특정하게 드러낼 필요가 없는 경우에는 보통 생략한다.
>
> 📖 不少学生不明不白地被父母送了出去。
> 적지 않은 학생들이 잘 알지도 못한 채 부모에 의해 보내진다.
>
> 你就是"被留学"的呀！네가 바로 '유학 보내진' 거구나!

다음을 '被'가 들어간 문장으로 바꾸기

① 蚊子咬我咬得到处都是红点。➡ 我身上被_____。

② 小偷偷走我的手机了。➡ _____。

③ 我睡得好好儿的，妈妈叫醒我了。➡ _____。

82

연습문제

1. 단어 고르기

被留学	占坑考	空巢班	高考

① _____ : 某些中学毕业班的学生为出国留学等各类目的而课堂缺席的现象。

② _____ : 学生为了增加考上某个学校的机会, 而参加该校组织的培训班。

③ _____ : 高等学校招生全国统一考试, 考生选择大学和进入大学资格的平台之一。

④ _____ : 被动留学, 有一些学生既不知道自己为什么要出国, 也完全没有对海外学习生活做好准备, 就"不明不白"地出了国。

2. 문장 완성하기

① 完全　　海外　　没有　　对　　做好　　学习　　生活　　准备

_____

② 到　　中国　　我　　读书　　送　　来

_____

③ 到　　我父母　　我　　眼界　　国外　　让　　开开　　想

_____

④ 中韩　　教育的　　非常　　热情　　对　　都　　高

_____

⑤ 培训班　　参加　　安排　　各种　　孩子

_____

3. 말해보기

① 조기 유학이 성행하기 시작했습니다.

② 적지 않은 학생들이 이유도 모른 채 유학을 가게 되었습니다.

③ 우리 부모님은 내가 외국에 나가 견문을 넓히기를 바랍니다.

④ 학부모들은 자녀를 우수한 학교에 입학시키기 위해 각종 양성반에 보냅니다.

MEMO

10 취업

被就业bèi jiùyè **취업률 부풀리기**

학생의 취업률(就业率jiùyèlǜ)이 대학 평가에 영향을 미치기 때문에, 일부 대학에서 졸업
생을 대상으로 허위 취업상황을 작성하는 사례가 있었다. 이에 취업이 된 상태로 기록된
(被就业bèi jiùyè) 미취업 졸업생이 이와 같은 상황을 폭로하며 취업난(就业难jiùyènán)
문제가 붉어졌다. 또한 취업이 된 후에도 회사에 묶여 노예 같은 월급쟁이(上班奴
shàngbānnú) 생활을 하는 등 여러 고충을 겪고 있다.

韩国学生金秀真和中国学生杨光为毕业后找工作的问题而烦恼。

金秀真 高中时为了高考拼命，现在为了找工作考资格证。

Gāozhōng shí wèile gāokǎo pīnmìng, xiànzài wèile zhǎo gōngzuò kǎo zīgézhèng.

杨光 谁说不是呢！进了大学也不是没有考试。为了好就业都忙着准备考证。

Shéi shuō bú shì ne! Jìnle dàxué yě búshì méiyǒu kǎoshì. Wèile hǎo jiùyè dōu mángzhe zhǔnbèi kǎozhèng.

金秀真 最近，一次就通过英语四、六级，但为了追求高分而继续报考，以求
"刷新"成绩的"刷刷族"并不少见。

Zuìjìn, yí cì jiù tōngguò yīngyǔ sì, liù jí, dàn wèile zhuīqiú gāofēn ér jìxù bàokǎo, yǐ qiú "Shuā xīn" chéngjì de "Shuāshuāzú" bìng bù shǎojiàn.

杨光 现在的我，特别地烦恼，看着周围的同学都在为考证忙碌，我不知道
该考些什么证。

Xiànzài de wǒ, tèbié de fánnǎo, kànzhe zhōuwéi de tóngxué dōu zài wèi kǎozhèng mánglù, wǒ bù zhīdào gāi kǎo xiē shénme zhèng.

金秀真　我也在考虑转专业。我们专业，失业量较大，且薪资较低，被列为高失业风险型专业，也就是红牌专业。

Wǒ yě zài kǎolǜ zhuǎn zhuānyè. Wǒmen zhuānyè, shīyèliàng jiào dà, qiě xīnzī jiào dī, bèi lièwéi gāoshīyèfēngxiǎnxíng zhuānyè, yě jiùshì hóngpái zhuānyè.

杨光　我记得高考填报志愿时，我们班不少同学也抱着"学什么专业都可以，只要能上名校"的心态，都没有考虑什么专业是绿牌专业，而现在为失业风险型专业烦恼。

Wǒ jìde gāokǎo tiánbào zhìyuàn shí, wǒmen bān bù shǎo tóngxué yě bàozhe "Xué shénme zhuānyè dōu kěyǐ, zhǐyào néng shàng míngxiào" de xīntài, dōu méiyǒu kǎolǜ shénme zhuānyè shì lǜpái zhuānyè, ér xiànzài wèi shīyè fēngxiǎnxíng zhuānyè fánnǎo.

金秀真　话说回来，"转专业"还是有诸多限制，因此在打算转专业之前，要理性思考一下所转专业是否真的适合自己。

Huà shuōhuílái, "Zhuǎn zhuānyè" háishì yǒu zhūduō xiànzhì, yīncǐ zài dǎsuàn zhuǎn zhuānyè zhīqián, yào lǐxìng sīkǎo yíxià suǒ zhuǎn zhuānyè shìfǒu zhēnde shìhé zìjǐ.

杨光　不过，最近中国就业率持续走低。在就业竞争激烈的形势下，越来越多的学生选择出国留学继续深造。

Búguò, zuìjìn Zhōngguó jiùyèlǜ chíxù zǒudī. Zài jiùyè jìngzhēng jīliè de xíngshì xià, yuè lái yuè duō de xuésheng xuǎnzé chūguó liúxué jìxù shēnzào.

金秀真　我看韩国的情况跟中国比起来好不到哪儿去。韩国政府想方设法降低失业率，但收效不大理想。就是为了提高就业率，出国留学或临时工也算就业，同样纳入就业统计。

Wǒ kàn Hánguó de qíngkuàng gēn Zhōngguó bǐqǐlái hǎobudào nǎr qù. Hánguó zhèngfǔ xiǎng fāngshèfǎ jiàngdī shīyèlǜ, dàn shōuxiào búdà lǐxiǎng. Jiùshì wèile tígāo jiùyèlǜ, chūguó liúxué huò línshígōng yě suàn jiùyè, tóngyàng nàrù jiùyè tǒngjì.

杨光　中国部分高校为提高就业率而产生了"被就业"现象，也就是要求没就业的毕业生自己随便找个章盖在协议书上证明自己就业了。

Zhōngguó bùfen gāoxiào wèi tígāo jiùyèlǜ ér chǎnshēngle "Bèi jiùyè" xiànxiàng, yě jiùshì yāoqiú méi jiùyè de bìyèshēng zìjǐ suíbiàn zhǎo ge zhāng gàizài xiéyìshūshang zhèngmíng zìjǐ jiùyè le.

金秀真　不然，我还是修读双学位好了，这样就将会有更多的选择余地。

Bùrán, wǒ háishì xiūdú shuāngxuéwèi hǎole, zhèyàng jiù jiāng huì yǒu gèng duō de xuǎnzé yúdì.

杨光　那也是一种好办法。不过你也知道，大家现在都只为找工作而努力奋斗。可是一旦找到工作又开始希望把自己培养成社会精英骨干，最终成为上班奴。

Nà yěshì yì zhǒng hǎo bànfǎ. Búguò nǐ yě zhīdào, dàjiā xiànzài dōu zhǐ wèi zhǎo gōngzuò ér nǔlì fèndòu. Kěshì yídàn zhǎodào gōngzuò yòu kāishǐ xīwàng bǎ zìjǐ péiyǎngchéng shèhuì jīngyīng gǔgàn, zuìzhōng chéngwéi shàngbānnú.

金秀真　嘿，我们这样没完没了辛苦一辈子吗？什么时候可以轻轻松松过一个无忧无虑的日子？

Hēi, wǒmen zhèyàng méiwánméiliǎo xīnkǔ yíbèizi ma? Shéme shíhòu kěyǐ qīngqingsōngsōng guò yí ge wúyōuwúlǜ de rìzi?

杨光　我听出来了！你当了上班族，会是个月光族。将每月赚的钱都用光、花光，都不会省点钱存起来。

Wǒ tīngchūlái le! Nǐ dāngle shàngbānzú, huì shì ge yuèguāngzú. Jiāng měiyuè zhuàn de qián dōu yòngguāng、huāguāng, dōu bú huì shěng diǎn qián cúnqǐlái.

金秀真　现在说什么都是白搭，只是希望早点找到一个像样的工作。我将来做不做月光族，咱们就走着瞧吧。

Xiànzài shuō shénme dōu shì báidā, zhǐshì xīwàng zǎodiǎn zhǎodào yí ge xiàngyàng de gōngzuò. Wǒ jiānglái zuòbuzuò yuèguāngzú, zánmen jiù zǒuzheqiáo ba.

被就业 bèi jiùyè 취업률 부풀리기

考证 kǎozhèng 자격증 시험(을 보다)

刷新 shuāxīn 기록을 갱신하다

刷刷族 shuāshuāzú (자격증 점수) 갱신족

转专业 zhuǎn zhuānyè (전공) 편입

失业量 shīyèliàng 실업률

薪资 xīnzī 급여

上班奴 shàngbānnú 출퇴근 노예 (cf.上班族 샐러리맨, 월급쟁이)

红牌专业 hóngpái zhuānyè 레드 전공. 비인기 전공. 실업률이 높은 전공
= 失业风险型专业 shīyè fēngxiǎnxíng zhuānyè

就业率 jiùyèlǜ 취업률

绿牌专业 lǜpái zhuānyè 그린 전공. 인기 전공. 취업률이 높은 전공
= 需求增长型专业 xūqiú zēngzhǎngxíng zhuānyè
(cf. 黄牌专业 옐로 전공, 인기가 떨어지는 전공 = 就业率呈下滑的专业)

双学位 shuāngxuéwèi 이중 전공 = 二学位 èrxuéwèi

精英骨干 jīngyīng gǔgàn 뛰어난 인재

月光族 yuèguāngzú 월광족. 매달 월급을 그 달에 다 소비하는 사람

无忧无虑 wúyōuwúlǜ 근심 걱정이 없다

1 为了追求高分而继续报考，以求"刷新"成绩的"刷刷族"并不少见。
Wèile zhuīqiú gāofēn ér jìxù bàokǎo, yǐ qiú "shuāxīn" chéngjì de "shuāshuāzú" bìng bù shǎojiàn。

2 我看韩国的情况跟中国比起来好不到哪儿去。
Wǒ kàn Hánguó de qíngkuàng gēn Zhōngguó bǐqǐlái hǎobudào nǎr qù。

3 我们班不少同学也抱着"学什么专业都可以，只要能上名校"的心态。
Wǒmen bān bù shǎo tóngxué yě bàozhe "xué shénme zhuānyè dōu kěyǐ, zhǐyào néng shàng míngxiào" de xīntài。

4 还是修读双学位好了，这样就将会有更多的选择余地。
Háishì xiūdú shuāngxuéwèi hǎole, zhèyàng jiù jiāng huì yǒu gèng duō de xuǎnzé yúdì。

5 现在说什么都是白搭，只是希望早点找到一个像样的工作。
Xiànzài shuō shénme dōu shì báidā, zhǐshì xīwàng zǎodiǎn zhǎodào yí ge xiàngyàng de gōngzuò。

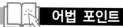

1 因此

'그러한 까닭으로, 이것 때문에'의 뜻으로, '因为这个'와 같은 표현이다.

예 "转专业"还是有诸多限制, 因此在打算转专业之前, 要理性思考。
'편입'은 여러 제약이 있다, 때문에 편입 전에 이성적으로 생각해야 한다.

note 所以, 于是

'所以'는 이유나 원인에 대한 결과를 나타내는 말로 주로 '因为'와 호응하여 쓰인다. 반면 '于是'는 단순 사건에 이어 일어난 결과를 이어줄 때 쓰인다.

예 我们没有做任何广告, 所以一开始客人不多。
우리는 아무런 광고를 하지 않아서, 처음에는 손님이 많지 않았다.

他没有带钥匙, 于是找了一家开锁公司。
그는 열쇠를 없어서 자물쇠 전문 회사를 불렀다.

'因此, 所以, 于是' 중 알맞은 것을 골라 문장 완성하기

① 因为你不知道要什么, ＿＿＿＿＿＿你不知道去追求什么。

② 你没参加过, ＿＿＿＿＿＿不知道竞争有多激烈。

③ 她喜欢写一些诗, ＿＿＿＿＿＿便梦想着将来能当诗人。

④ 脚脖子直疼, ＿＿＿＿＿＿她停了下来。

2 为~而~

'…를 위하여 …하다' 또는 '…때문에 …하다'는 뜻을 나타낸다. '为'가 목적을 나타내는 경우는 '为了'와 같은 의미이며, 원인을 나타내는 경우는 '因为'와 같은 의미를 나타낸다. '而' 뒤에는 수단이나 결과를 나타낸다.

예 中国部分高校为提高就业率而产生了"被就业"现象。
중국의 일부 대학은 취업율 제고 때문에 '취업률 부풀리기' 현상이 나타났다. (원인)

许多画家为适应形势而改行。
수많은 화가들은 형세에 적응하기 위해 전업을 했다. (목적)

주어진 단어를 사용하여 '为~而~' 문장으로 완성하기

① 自己的梦想, 奋斗 ➔ _____

② 保卫自己的领土, 准备打仗 ➔ _____

③ 这点小事, 烦恼 ➔ _____

④ 没能进"重点学校", 失望 ➔ _____

3 一旦

'일단 ~하게 되면'의 뜻으로, 불특정한 미래를 가정할 때 쓰인다.

🅔 一旦找到工作又开始希望把自己培养成社会精英骨干。
일단 취업을 하게 되면 스스로를 사회 엘리트로 만들기를 원한다.

环境一旦遭到破坏,需要很多年才能修复。
환경이 일단 파괴되면 수년이 걸려야 회복이 가능하다.

'一旦'을 사용하여 주어진 단어나 구의 뜻과 어울리는 문장 완성하기

① _____, 后果就不堪设想。

② _____, 就不会轻易改变。

③ _____, 就马上行动。

④ 一旦发现问题, _____。

4 결과 보어

주요 술어 뒤에 형용사, 동사가 붙어 술어가 나타내는 동작이나 상태의 결과를 나타낸다. 동사 중에서는 일부 단음절 동사가 결과 보어에 쓰인다.

🅔 希望早点找到一个像样的工作。
하루빨리 그럴듯한 직장을 찾기를 원한다.

주어진 술보구조를 이용하여 완전한 문장을 만들기

做完 改成 听懂 学会 推倒 抹掉 打死 拉住 撞翻 叫醒

① ....

② ....

③ ....

④ ....

1. 단어 고르기

刷刷族	上班奴	月光族	双学位

① _____ : 承受着巨大的工作压力，被工作牢牢控制。

② _____ : 为了追求高分，重复参加考试以求"刷新"成绩的人。

③ _____ : 学习本专业的同时，跨学科门类学习另一专业的学位课程。

④ _____ : 将每月赚的钱都用光、花光的人。

2. 문장 완성하기

① 将会　　选择　　有更多的　　这样就　　余地

_____

② 好不到　　我看　　韩国的　　哪儿去　　情况　　跟中国　　比起来

_____

③ 只是　　找到　　一个像样的　　希望　　早点　　工作

_____

④ 为了　　高分　　追求　　报考　　而　　继续

_____

⑤ 可以　　都　　学　　什么　　专业

_____

3. 말해보기

① 나는 무슨 자격증을 따야할지 모르겠어.

② 점점 더 많은 학생들이 졸업하면 해외유학을 가서 더 공부하려고 하잖아.

③ 언제쯤 편하게 아무 걱정 없이 살 수 있을까?

④ 지금은 다들 취업만 하려고 노력을 하고 있어.

11 건강

亚健康 yàjiànkāng 서브 헬스

현대인이 건강을 회복하기(调养身体tiáoyǎng shēntǐ) 위해서는 폭식(暴饮暴食bàoyǐn bàoshí)을 피하는 것이 좋다. 또한 일하는 시간을 조절하여 심리적인 스트레스(心理压力 xīnlǐ yālì)를 줄여야 한다. 마지막으로 숙면을 취해야 하는데, 그렇지 못한 경우 피로가 쌓이고(疲劳积累píláo jīlěi), 정서가 불안해져(情绪暴躁qíngxù bàozào) 정상적인 생활을 할 수가 없다. 이와 같은 상태 즉 질병에 잘 걸릴 수 있는 상태를 서브 헬스(亚健康 yàjiànkāng)라고 부른다.

两位妈妈在医院一边等待就诊, 一边聊健康问题。

张女士 今天是星期六, 人特别多。看来我们得等很久。

Jīntiān shì xīngqīliù, rén tèbié duō。Kànlái wǒmen děi děng hěn jiǔ。

刘女士 听说最近手足口又流行起来了。你看我儿子手上长的水疱, 担心这是不是手足口。

Tīngshuō zuìjìn shǒuzúkǒu yòu liúxíngqǐlái le。Nǐ kàn wǒ érzi shǒushang zhǎng de shuǐpào, dānxīn zhè shìbushì shǒuzúkǒu。

张女士 我女儿也吃不下饭, 说喉咙疼。所以带她看医生来了。你儿子几岁了？

Wǒ nǚ'ér yě chībuxià fàn, shuō hóulóng téng。Suǒyǐ dài tā kàn yīshēng lái le。Nǐ érzi jǐsuì le?

刘女士 五岁了。他班里流行手足口, 这几天多半孩子都不上幼儿园。手足口没有治疗方法, 只有休息才能好转。

Wǔsuì le。Tā bānli liúxíng shǒuzúkǒu, zhè jǐtiān duōbàn háizi dōu bú shàng yòu'éryuán。Shǒuzúkǒu méiyǒu zhìliáo fāngfǎ, zhǐyǒu xiūxi cái néng hǎozhuǎn。

张女士 这个病主要通过食物、口鼻飞沫及接触传播，因此注意饮食卫生，避免与患儿接触，平时应加强体质锻炼。

Zhège bìng zhǔyào tōngguò shíwù、kǒubífēimò jí jiēchù chuánbō, yīncǐ zhùyì yǐnshí wèishēng, bìmiǎn yǔ huàn'ér jiēchù, píngshí yīng jiāqiáng tǐzhì duànliàn。

刘女士 是啊。只有我们的身体保持健康，才不容易生病。

Shì a。Zhǐyǒu wǒmen de shēntǐ bǎochí jiànkāng, cái bù róngyì shēngbìng。

张女士 可是现代人工作比较忙碌，没有时间去锻炼身体啊。他们工作强度和生活压力都很大，其实虽然没有明确的疾病，还是处于亚健康状态。

Kěshì xiàndàirén gōngzuò bǐjiào mánglù, méiyǒu shíjiān qù duànliàn shēntǐ a。Tāmen gōngzuò qiángdù hé shēnghuó yālì dōu hěn dà, qíshí suīrán méiyǒu míngquè de jíbìng, háishì chǔyú yàjiànkāng zhuàngtài。

刘女士 加上，不良环境也会给我们带来危害。比如，我们天天离不开电脑，可能导致网络综合征。再比如，夏天多吹空调，会吹出空调病。

Jiāshàng, bùliáng huánjìng yě huì gěi wǒmen dàilái wēihài。Bǐrú, wǒmen tiāntiān líbukāi diànnǎo, kěnéng dǎozhì wǎngluò zōnghézhēng。Zàibǐrú, xiàtiān duō chuī kōngtiáo, huì chuīchū kōngtiáobìng。

张女士 这样每次似病非病地去看病，医药费也得花不少钱吧。我们老百姓哪来的那么多钱去医院治病呢？

Zhèyàng měicì sì bìng fēi bìng de qù kànbìng, yīyàofèi yě děi huā bù shǎo qián ba。Wǒmen lǎobǎixìng nǎlái de nàme duō qián qù yīyuàn zhìbìng ne?

刘女士 还好，现在社会上有各种各样的医疗保险。其中比较具有代表性的就是医疗费用先由家庭垫付的，再凭符合规定资质的证明，到保险公司报销相关疾病治疗的全部医疗费用。

Háihǎo, xiànzài shèhuìshang yǒu gèzhǒnggèyàng de yīliáo bǎoxiǎn。Qízhōng bǐjiào jùyǒu dàibiǎoxìng de jiùshì yīliáo fèiyòng xiān yóu jiātíng diànfù de, zài píng fúhé guīdìng zīzhì de zhèngmíng, dào bǎoxiǎn gōngsī bàoxiāo xiāngguān jíbìng zhìliáo de quánbù yīliáo fèiyòng。

张女士 这说明中国有比较完善的医疗保障体制吧？

Zhè shuōmíng Zhōngguó yǒu bǐjiào wánshàn de yīliáo bǎozhàng tǐzhì ba?

刘女士 但整体上社会医疗保险报销范围还是很有局限性。所以还需要商业医疗保险的补充。社保关心的是社会大众的基本需求，而商业保险关心的是客户本人及家庭的全面保障。

Dàn zhěngtǐshang shèhuì yīliáo bǎoxiǎn bàoxiāo fànwéi háishì hěn yǒu júxiànxìng. Suǒyǐ hái xūyào shāngyè yīliáo bǎoxiǎn de bǔchōng. Shèbǎo guānxīn de shì shèhuì dàzhòng de jīběn xūqiú, ér shāngyè bǎoxiǎn guānxīn de shì kèhù běnrén jí jiātíng de quánmiàn bǎozhàng.

张女士 就是买全了所有保险，我还是希望永远用不上这些保险金。但愿全家人平平安安、健健康康。

Jiùshì mǎiquánle suǒyǒu bǎoxiǎn, wǒ háishì xīwàng yǒngyuǎn yòngbushàng zhèxiē bǎoxiǎnjīn. Dàn yuàn quánjiārén píngping'ān'ān, jiànjiankāngkāng.

水疱 shuǐpào 수포

好转 hǎozhuǎn 호전되다

饮食卫生 yǐnshí wèishēng 음식 위생

亚健康 yàjiànkāng 건강과 질병의 중간 상태. 질병에 걸리기 쉬운 상태

危害 wēihài 해를 끼치다

网络综合征 wǎngluò zōnghézhēng 인터넷 증후군

空调病 kōngtiáobìng 냉방병

医疗保险 yīliáo bǎoxiǎn 의료 보험 (cf. 购买保险 / 参加保险 / 参保 보험에 가입하다)

垫付 diànfù 대금을 우선 대신 지불하다

医疗保障 yīliáo bǎozhàng 의료 보장

报销 bàoxiāo 청구하다. 정산하다

局限性 júxiànxìng 한계성

社会医疗保险 shèhuì yīliáo bǎoxiǎn 국민 의료 보험 = 社保 shèbǎo

商业医疗保险 shāngyè yīliáo bǎoxiǎn 개인 의료 보험 = 商业保险 shāngyè bǎoxiǎn

본문 따라 읽기

1 听说最近手足口又流行起来了。
Tīngshuō zuìjìn shǒuzúkǒu yòu liúxíngqǐlái le。

2 这个病主要通过食物、口鼻飞沫及接触传播。
Zhè ge bìng zhǔyào tōngguò shíwù、kǒubífēimò jí jiēchù chuánbō。

3 不良环境也会给我们带来危害。
Bùliáng huánjìng yě huì gěi wǒmen dàilái wēihài。

4 我们老百姓哪来的那么多钱去医院治病呢。
Wǒmen lǎobǎixìng nǎlái de nàme duō qián qù yīyuàn zhìbìng ne。

5 社保关心的是社会大众的基本需求。
Shèbǎo guānxīn de shì shèhuì dàzhòng de jīběn xūqiú。

1 가능 보어 得/不

> 동사와 결과보어 사이에 '得'나 '不'를 넣어, 가능 또는 불가능을 나타낸다.
>
> 예 我女儿也吃不下饭。내 딸도 밥을 먹지를 못한다.
> 我们天天离不开电脑。우리는 매일 컴퓨터에서 떠나지를 못한다.

다음 문장에 '得'나 '不'를 넣어 완성하기

① 我又饿又渴, 实在走_____动了。

② 要学多久才能听_____懂中文?

③ 他和女朋友分手了。心里很难过, 这几天吃_____下饭, 睡_____好觉。

④ 这么多单词, 我怎么记_____住啊!

2 只有……, 才……

> '오직 ~하여야만 ~하다'는 의미로, 유일한 조건을 제시해 이것이 아니면 안된다는 뜻을 나타낸다.
>
> 예 只有我们的身体保持健康, 才不容易生病。
> 우리의 건강을 유지해야만 쉽게 병에 걸리지 않는다.

다음 문장에서 '只有' 뒤에 알맞은 말을 넣어 완성하기

① 只有_____, 才能获得好成绩。

② 只有_____, 才能睡觉。

③ 只有_____, 才能不感冒。

④ 只有_____, 才可以早到。

3 比如

'예를 들어'라는 의미로, 앞 문장에 서술한 내용의 구체적인 예시를 제시할 때 쓰인다.

> 例 不良环境也会给我们带来危害。比如, 我们天天离不开电脑, 可能导致网络综合症。
> 나쁜 환경도 우리에게 유해하다. 예를 들면, 우리는 매일 컴퓨터를 떠나지 못하여 인터넷 증후군에 걸릴 수 있다.

다음 문장에 '比如' 뒤에 알맞은 말을 넣어 완성하기

① 有些人喜欢冬季运动。比如, 滑冰、＿＿＿＿＿、＿＿＿＿＿、＿＿＿＿＿。

② 我爸爸每次从国外回来的时候, 在免税店买些礼物。比如, 香水、＿＿＿＿＿、＿＿＿＿＿、
＿＿＿＿＿、＿＿＿＿＿。

③ 不要吃那些容易发胖的东西。比如, 比萨、＿＿＿＿＿、＿＿＿＿＿、＿＿＿＿＿。

④ 北京旅游景点很多。比如, 颐和园、＿＿＿＿＿、＿＿＿＿＿、＿＿＿＿＿。

4 先……, 再……

'우선 ~, 그다음에 ~'의 의미로, 어떠한 일의 절차를 나열할 때 쓴다.

> 例 医疗费用先由家庭垫付, 再报销相关疾病治疗的全部医疗费用。
> 의료비용은 먼저 가정에서 지불하고, 그다음에 질병 치료에 대한 의료비용을 청구한다.

다음 문장에 '先' 혹은 '再' 뒤에 들어갈 알맞은 말을 넣어 완성하기

① 我在网上买东西, 先＿＿＿＿＿＿＿＿＿＿, 再付款。

② 先听他们的意见, 再＿＿＿＿＿＿＿＿＿＿＿＿＿。

③ 你先＿＿＿＿＿＿＿＿＿＿＿＿, 再吃饭。

④ 医生说:"你先去挂号, 回来我再＿＿＿＿＿＿＿＿＿。

5 就是……, 也……

'설령 ~라 하더라도'의 의미를 나타내며, 뒤따르는 문장에는 주로 '也'가 쓰여 '결과는 바뀌지 않는다'
는 내용이 따라온다.

예 就是买全了所有保险, 我还是希望永远用不上这些保险金。
온갖 보험을 전부 들더라도, 나는 그 보험금을 영원히 사용하지 않게 되길 바란다.

다음 빈칸에 알맞는 말을 넣어 문장을 완성하기

① 就是去了外国, 我也要吃 _____。

② 就是下雨, 我们也 _____。

③ 就是有很多钱, 我也不想 _____。

④ 就是拿刀架在脖子上, 他也 _____。

연습문제

1. 단어 고르기

亚健康	垫付	网络综合症	医疗保险

① ＿＿＿＿＿＿＿ : 暂时替别人付钱。

② ＿＿＿＿＿＿＿ : 人们由于沉迷于网络而引发的各种生理、心理障碍。

③ ＿＿＿＿＿＿＿ : 为补偿疾病所带来的医疗费用的一种保险。

④ ＿＿＿＿＿＿＿ : 界乎健康与疾病之间的状态。

2. 문장 완성하기

① 最近　　流行　　又　　手足口　　听说　　起来了

＿＿＿＿＿＿＿＿＿＿＿＿＿＿＿＿＿＿＿＿＿＿＿＿＿＿＿＿＿＿

② 也会　　给　　危害　　不良环境　　我们　　带来

＿＿＿＿＿＿＿＿＿＿＿＿＿＿＿＿＿＿＿＿＿＿＿＿＿＿＿＿＿＿

③ 我们老百姓　　医院　　哪来的　　去　　那么多钱　　治病　　呢

＿＿＿＿＿＿＿＿＿＿＿＿＿＿＿＿＿＿＿＿＿＿＿＿＿＿＿＿＿＿

④ 主要　　及　　通过　　食物　　接触　　这个病　　传播

＿＿＿＿＿＿＿＿＿＿＿＿＿＿＿＿＿＿＿＿＿＿＿＿＿＿＿＿＿＿

⑤ 基本　　社保　　社会　　关心的是　　大众的　　需求

＿＿＿＿＿＿＿＿＿＿＿＿＿＿＿＿＿＿＿＿＿＿＿＿＿＿＿＿＿＿

3. 말해보기

① 요즘 사람들은 일이 바빠 체력 단련을 할 시간이 없잖아요.

② 사람들이 너무 많아요. 아무래도 오래 기다려야 할 것 같아요.

③ 약값도 만만치 않고요.

④ 지금은 여러 가지 질병 치료를 위한 사회 보험이 있잖아요.

100

12 음식

신조어 소개

有机食品yǒujī shípǐn 유기농 식품

생활 리듬이 빨라지면서 간편하게 먹을 수 있는 먹거리를 선호하기도 하지만, 한편으로는 먹거리가 풍부해지면서 농산품의 품질 안전 문제에 대해 관심이 높아지게 되었다. 사람들은 건강을 위해 품질 검사에 통과한 안심할 수 있는 무공해 야채(放心菜fàngxīncài)를 사려고 하고, 안심할 수 있는 검역 표준 고기(放心肉fàngxīnròu)를 찾아 사먹는다. 중국 마트에 가면 야채 및 육류 등 유기농 식품 전용 코너(食品专柜shípǐn zhuāngui)가 있다. 대개 일반 제품보다 2배 이상 비싼데도 불구하고 수요가 점점 늘고 있다.

张婷婷跟张亮在超市一边挑选蔬菜, 一边聊食品安全问题。

张婷婷 最近蔬菜吃得不放心。

Zuìjìn shūcài chī de bú fàngxīn。

张亮 怎么了？

Zěnme le?

张婷婷 在菜市场里, 一些蔬菜是用植物生长促进剂栽培的。滥用生长促进剂来刺激蔬菜生长, 易造成各种生理障碍。

Zài càishìchǎngli, yìxiē shūcài shì yòng zhíwù shēngzhǎng cùjìnjì zāipéi de。Lànyòng shēngzhǎng cùjìnjì lái cìjī shūcài shēngzhǎng, yì zàochéng gèzhǒng shēnglǐ zhàng'ài。

张亮 市场上出售的黄瓜还顶着鲜嫩的黄花。很多人误以为, 顶花意味着新鲜。然而, 多数人可能不知道, 这些顶花的黄瓜是用植物生长调节剂"扮嫩"的。

Shìchǎngshang chūshòu de huángguā hái dǐngzhe xiānnèn de huánghuā。Hěn duō rén wù yǐwéi, dǐnghuā yìwèizhe xīnxiān。Rán'ér, duōshùrén kěnéng bù zhīdào, zhèxiē dǐnghuā de huángguā shì yòng zhíwù shēngzhǎng tiáojiéjì "Bànnèn" de。

张婷婷 我们还能吃什么，是不是每个人都要自己种蔬菜才放心？

Wǒmen hái néng chī shénme, shìbushì měi ge rén dōu yào zìjǐ zhòng shūcài cái fàngxīn?

张亮 所以人们越来越重视食品的安全和品质。超市里最受欢迎的就是贴上了"有机食品"和"绿色食品"标志的各种农产品。

Suǒyǐ rénmen yuè lái yuè zhòngshì shípǐn de ānquán hé pǐnzhì. Chāoshìli zuì shòu huānyíng de jiùshì tiēshàngle "Yǒujī shípǐn" hé "Lǜsè shípǐn" biāozhì de gèzhǒng nóngchǎnpǐn.

张婷婷 有机蔬菜在种植过程中对肥料、农药的要求很严格，是天然的。

Yǒujī shūcài zài zhòngzhí guòchéng zhōng duì féiliào、nóngyào de yāoqiú hěn yángé, shì tiānrán de.

张亮 相应的，有机蔬菜的产出也很有限，所以它的价格会高一些。

Xiāngyìng de, yǒujī shūcài de chǎnchū yě hěn yǒuxiàn, suǒyǐ tā de jiàgé huì gāo yìxiē.

张婷婷 还有一个问题是有机蔬菜怎么辨别真假？

Háiyǒu yí ge wèntí shì yǒujī shūcài zěnme biànbié zhēnjiǎ?

张亮 中国国内生产的所有有机食品统一使用防伪追溯标识。标识上包含一个有机码，消费者可以登录"中国食品农产品认证系统"网站，把有机码输进去就能一辨真伪。

Zhōngguó guónèi shēngchǎn de suǒyǒu yǒujī shípǐn tǒngyī shǐyòng fángwěi zhuīsù biāoshí. Biāoshíshang bāohán yí ge yǒujīmǎ, xiāofèizhě kěyǐ dēnglù "Zhōngguó shípǐn nóngchǎnpǐn rènzhèng xìtǒng" wǎngzhàn, bǎ yǒujīmǎ shūjìnqù jiù néng yí biàn zhēnwěi.

张婷婷 还有一种方法就是利用家庭阳台、天台、楼前空地等种植蔬菜，不仅能随时获得新鲜的蔬菜产品，美化居住环境，而且还能缓解工作、生活中的压力，这已经成为城市生活新潮流。

Háiyǒu yì zhǒng fāngfǎ jiùshì lìyòng jiātíng yángtái、tiāntái、lóuqián kòngdì děng zhòngzhí shūcài, bùjǐn néng suíshí huòdé xīnxiān de shūcài chǎnpǐn, měihuà jūzhù huánjìng, érqiě háinéng huǎnjiě gōngzuò、shēnghuó zhōng de yālì, zhè yǐjīng chéngwéi chéngshì shēnghuó xīn cháoliú.

张亮　可我没有什么种植经验，怎么才能种好菜呢？
Kě wǒ méiyǒu shénme zhòngzhí jīngyàn, zěnme cái néng zhònghǎo cài ne?

张婷婷　初学者可选择易于种植的蔬菜或速生菜。例如，青江菜和油麦菜这两种速生菜全年皆可种植，且生长较快，约五、六周即可采收。
Chūxuézhě kě xuǎnzé yìyú zhòngzhí de shūcài huò sùshēngcài。Lìrú, qīngjiāngcài hé yóumàicài zhè liǎngzhǒng sùshēngcài quánnián jiē kě zhòngzhí, qiě shēngzhǎng jiào kuài, yuē wǔ、liù zhōu jíkě cǎishōu。

张亮　还有苦瓜、葱、姜等适应性强，本身有股特殊味道，因此昆虫不喜接近，不需用农药、化肥也能生长得很好。
Háiyǒu kǔguā、cōng、jiāng děng shìyìngxìng qiáng, běnshēn yǒugǔ tèshū wèidào, yīncǐ kūnchóng bù xǐ jiējìn, bùxū yòng nóngyào、huàféi yě néng shēngzhǎng de hěn hǎo。

张婷婷　现在食品安全太不让人放心了。不如咱们在家里种菜吃好了。
Xiànzài shípǐn ānquán tài bú ràngrén fàngxīn le。Bùrú zánmen zài jiāli zhòngcài chī hǎole。

张亮　那太好了。等可以采摘的时候记得让我尝尝哦！
Nà tài hǎo le。Děng kěyǐ cǎizhāi de shíhòu jìde ràng wǒ chángchang o!

生长促进剂 shēngzhǎng cùjìnjì 생장 촉진제

生理障碍 shēnglǐ zhàng'ài 생리 장애

有机食品 yǒujī shípǐn 유기농 식품

绿色食品 lǜsè shípǐn 녹색 식품

肥料 féiliào 비료

农药 nóngyào 농약

天然 tiānrán 천연

防伪追溯标识 fángwěi zhuīsù biāoshí 위조 방지 마크

有机码 yǒujīmǎ 유기농 번호

缓解 huǎnjiě 완화하다

种植 zhòngzhí 재배하다

采收 cǎishōu 수확하다

适应性 shìyìngxìng 적응력

化肥 huàféi 화학 비료

 본문 따라 읽기

1 人们越来越重视食品的安全和品质。
  Rénmen yuè lái yuè zhòngshì shípǐn de ānquán hé pǐnzhì。

2 有机蔬菜在种植过程中对肥料、农药的要求很严格。
  Yǒujī shūcài zài zhòngzhí guòchéng zhōng duì féiliào、nóngyào de yāoqiú hěn yángé。

3 利用家庭阳台、天台、楼前空地等种植蔬菜。
  Lìyòng jiātíng yángtái、tiāntái、lóuqián kòngdì děng zhòngzhí shūcài。

4 可我没有什么种植经验，怎么才能种好菜呢？
  Kě wǒ méiyǒu shénme zhòngzhí jīngyàn, zěnme cái néng zhònghǎo cài ne?

5 不如我自己在家种菜吃好了。
  Bùrú wǒ zìjǐ zài jiā zhòngcài chī hǎole。

1 술어 보충의 得(de)

주요 술어 뒤에 보충 설명을 나타내는 동작의 상태, 정도, 결과 등의 어구가 올 때 중간에 得을 써서 이어준다.

> 예 最近蔬菜吃得不放心。 요즘 채소 먹기가 불안하다.
>
> 不需用农药、化肥也能生长得很好。 농약이나 화학 비료를 쓰지 않아도 잘 자랄 수 있다.

보기와 같이 '得'을 써서 연결하기

[보기] 他弹钢琴。好极了。 → 他弹钢琴弹得好极了。

① 我弟弟唱歌儿。很好听。 → _____

② 我开车。不太快。 → _____

③ 他看电影。入迷了。 → _____

④ 我紧张。手心都出汗了。 → _____

2 可能

'아마도'라는 뜻으로 그럴 수 있을 것이라는 추측을 나타낸다. 부정부사 '不'의 수식을 받는 '不可能' 은 '그럴리 없다'라는 추측을 나타낸다.

> 예 多数人可能不知道。 많은 사람들이 아마 모를 것이다.

다음의 대화를 '可能'을 이용하여 완성하기

① 가. 他们到首尔机场了吗?

　나. 他们早就出发了, 现在 _____。

② 가. 她们是不是亲姐妹啊?

　나. 她们长得不像, _____。

③ 가. 今天高速路怎么这么堵车？

　　나. 前边 ＿＿＿＿＿＿＿＿＿＿＿＿＿＿＿＿＿＿＿＿＿＿＿＿＿＿＿＿＿＿＿＿＿＿ 交通事故。

3 着(zhe)

> 술어 뒤에 붙어 동작의 진행을 나타내거나, 상태의 지속을 나타낸다.
>
> 예 小鸟在树枝上唱着欢快的歌儿。 새가 나뭇가지에서 흥겨운 노래를 부르고 있다.
>
> 　市场上出售的黄瓜还顶着鲜嫩的黄花。 시장에서 파는 오이는 생생한 꽃을 달고 있다.

다음의 대화를 '着'를 이용하여 완성하기

① 가. 你看见爸爸回来了吗？他东西多不多？

　　나. 他只 ＿＿＿＿＿＿＿＿＿＿＿＿＿＿＿＿＿＿＿＿＿＿＿＿＿＿＿＿。(带一件行李)

② 가. 外面天气怎么样？

　　나. 非常冷。还 ＿＿＿＿＿＿＿＿＿＿＿＿＿＿＿＿＿＿＿＿＿。(下雪, 刮大风)

③ 가. 客厅里有人吗？怎么听见说话的声音？

　　나. 可能是爸爸 ＿＿＿＿＿＿＿＿＿＿＿＿＿＿＿＿＿睡觉。(开电视机)

4 형용사 + 一些

> 비교를 표현하는 문장에서 형용사 뒤에 수량사 '一些, 一点'을 써서 '약간 더'의 의미를 나타냄.
> '더 많이'를 나타낼 때는 '多了'를 쓴다.
>
> 예 它的价格会高一些。 그 가격이 조금 비쌀 수 있다.
>
> 　有机食品的价格比普通食品会高一些。 유기농 식품의 가격은 일반 식품보다 높을 수 있다.

다음 대화를 '一些, 一点, 多了'를 써서 완성하기

① 가. 你们俩谁跑得快？

　　나. 我比他 ＿＿＿＿＿＿＿＿＿＿＿＿＿＿＿＿＿＿＿＿＿＿＿＿。

② 가. 哪件裙子漂亮？

　　나. 红色的 _____ 。

③ 가. 今年高考题目难不难？

　　나. 别提了。比去年 _____ 。

5 不仅……, 而且……

'~뿐만 아니라, 또한 ~'의 뜻으로 한층 더 나아감을 나타낸다.

예 不仅能美化居住环境, 而且还能缓解工作、生活中的压力。
주거 환경을 아름답게 할 수 있을 뿐만 아니라, 일과 생활에서의 스트레스도 완화할 수 있다.

다음을 '不仅……, 而且……'를 써서 완성하기

① 这附近房子比较干净, 房租比较便宜。 ➜ _____

② 多读课外书, 能增长我们的知识, 能开拓我们的视野。 ➜ _____

③ 天空中有美丽的月亮, 也有闪烁的星星。 ➜ _____

1. 단어 고르기

| 绿色食品 | 有机蔬菜 | 生长促进剂 | 化肥 |

① .... : 从销售最终到消费者手里的过程中完全不使用农药、化肥等化学物质的蔬菜。

② .... : 按照特定生产方式生产, 不适用任何化学物质, 并经专门机构认定, 无污染的安全、 优质、营养类食品。

③ .... : 化学肥料。人工制成的含有农作物生长需要的营养元素的肥料。

④ .... : 促进成长、发育的调节剂。

2. 문장 완성하기

① 种植　什么　没有　经验　我

....

② 我自己　不如　在家　吃　好　种菜　了

....

③ 利用　蔬菜　空地　阳台　家庭　种植

....

④ 重视　和　的　越来越　人们　安全　食品　品质

....

⑤ 严格　有机蔬菜　很　对　的　种植过程　要求

....

3. 말해보기

① 유기농 식품이 일반 식품보다 가격이 좀 높아요.

② 녹색 식품은 화학 비료나 농약에 대한 규제가 엄격해요.

③ 베란다에 심은 채소는 마음 놓고 먹을 수 있어요.

④ 양파나 생강은 적응력이 강해서 잘 자랄 거예요.

13 유행

📖 신조어 소개

另类lìnglèi 별종

여러 분야에서 각기 다른 유행이 만들어지면서 별종(另类lìnglèi)도 다양해졌다. 쇼핑의 방식이 다양해지면서 쇼핑의 혜택도 풍부해지고 있는데 알뜰하고 현명한 쇼핑을 즐기는 대표적인 무리로 포인트 적립족(积分族jīfēnzú), 공동구매족(团购族tuángòuzú) 등이 있다. 이외의 분야에서도 유행하는 별종을 찾아 볼 수 있는데, 성인이 되어서도 부모에 의지하는 무리(啃老族kěnlǎozú), 연예인을 좇아다니는 무리(追星族zhuīxīngzú) 등이 있다. 한류의 영향으로 한국의 패션과 문화를 좋아하는 무리(哈韩族hāhánzú) 등이 있다. 그 중에서도 오타쿠(御宅族yùzháizú)는 한 분야에 너무 열중한 나머지 사교성이 결여되어 가장 별종으로 알려진 무리이다.

朴珍喜通过国际长途电话跟中国朋友张亮聊天。

朴珍喜 我好兴奋。下个月我姐要在北京生二胎。不过她有点儿担心在国外生孩子。好像中国很少有为生产母亲提供专业产后恢复服务的场所。

Wǒ hǎo xìngfèn。Xià ge yuè wǒ jiě yào zài běijīng shēng èrtāi。Búguò tā yǒudiǎnr dānxīn zài guówài shēng háizi。Hǎoxiàng Zhōngguó hěn shǎo yǒu wèi shēngchǎn mǔqīn tígōng zhuānyè chǎnhòu huīfù fúwù de chǎngsuǒ。

张亮 你说月子中心啊？北京正规的月子中心好像很少见。这儿不大盛行月子中心。我们这儿的人比较喜欢请月嫂在自己家坐月子。我堂姐上个月生了宝宝，也是在家坐的月子。

Nǐ shuō yuèzǐ zhōngxīn a? Běijīng zhèngguī de yuèzǐ zhōngxīn hǎoxiàng hěn shǎojiàn。Zhèr búdà shèngxíng yuèzǐ zhōngxīn。Wǒmen zhèr de rén bǐjiào xǐhuan qǐng yuèsǎo zài zìjǐ jiā zuò yuèzi。Wǒ tángjiě shàng ge yuè shēngle bǎobao, yě shì zài jiā zuò de yuèzi。

朴珍喜 这样啊。那我也叫我姐别太担心了。你就介绍我怎么找月嫂吧。

Zhèyàng a。Nà wǒ yě jiào wǒ jiě bié tài dānxīn le。Nǐ jiù jièshào wǒ zěnme zhǎo yuèsǎo ba。

张亮　那有什么问题！我回家问问堂姐吧。对了，你听说过吗？最近流行拍彩超，还是四维的呢。很雷人吧。

Nà yǒu shénme wèntí! Wǒ huí jiā wènwen tángjiě ba。Duì le, nǐ tīngshuōguò ma? Zuìjìn liúxíng pāi cǎichāo, háishì sìwéi de ne。Hěn léirén ba。

朴珍喜　别提了。我姐为腹中的宝宝拍摄"胎儿人生的第一张照片"和"胎儿写真"，还刻录成了纪念光碟，仿佛像拍婚纱照一样。

Bié tí le。Wǒ jiě wèi fùzhōng de bǎobao pāishè "Tāi'ér rénshēng de dì-yī zhāng zhàopiàn" hé "Tāi'ér xiězhēn", hái kèlùchéngle jìniàn guāngdié, fǎngfú xiàng pāi hūnshāzhào yíyàng。

张亮　谁说不是呢。现在人们想把什么都拍下来，留作纪念。这不，我堂姐在怀孕期间拍的艺术照。可现在争着要减肥，天天去练高温瑜珈。

Shéi shuō bú shì ne。Xiànzài rénmen xiǎng bǎ shénme dōu pāixiàlái, liúzuò jìniàn。Zhè bù, wǒ tángjiě zài huáiyùn qījiān pāi de yìshùzhào。Kě xiànzài zhēngzhe yào jiǎnféi, tiāntiān qù liàn gāowēn yújiā。

朴珍喜　我看这都是那些明星惹的祸。有些艺人生完孩子后，在很短的时间内又恢复到原来的魔鬼身材了。这样比结婚生孩子前更加引人注目。

Wǒ kàn zhè dōu shì nàxiē míngxīng rě de huò。Yǒuxiē yìrén shēngwán háizi hòu, zài hěn duǎn de shíjiān nèi yòu huīfùdào yuánlái de móguǐ shēncái le。Zhèyàng bǐ jiéhūn shēng háizi qián gèngjiā yǐnrén zhùmù。

张亮　那些艺人是最怕打酱油的了。反正他们是靠名气吃饭的，想办法提高知名度。

Nàxiē yìrén shì zuì pà dǎ jiàngyóu de le。Fǎnzhèng tāmen shì kào míngqì chī fàn de, xiǎng bànfǎ tígāo zhīmíngdù。

朴珍喜　别说是公众人物了，现代人似乎也很喜欢把什么都拿出来晒一晒。前几天我还看到有人晒工资。几乎各行各业的薪酬标准都被爆料。

Biéshuō shì gōngzhòng rénwù le, xiàndàirén sìhū yě hěn xǐhuan bǎ shénme dōu náchūlái shài yi shài。Qiánjǐtiān wǒ hái kàndào yǒurén shài gōngzī。Jīhū gèhánggèyè de xīnchóu biāozhǔn dōu bèi bàoliào。

张亮　是吧。我觉得他们真的很前卫。我曾经以为自己是个时尚达人，现在感觉怎么都跟不上时代了。

Shì ba。Wǒ juéde tāmen zhēnde hěn qiánwèi。Wǒ céngjīng yǐwéi zìjǐ shì ge shíshàng dárén, xiànzài gǎnjué zěnme dōu gēnbushàng shídài le。

朴珍喜　你还不到三十，现在开始还不迟。要不，我教你做个养眼小鲜肉。我可有既简单又有效的秘笈。

Nǐ hái bú dào sānshí, xiànzài kāishǐ hái bù chí。Yàobù, wǒ jiāo nǐ zuò ge yǎngyǎn xiǎoxiānròu。Wǒ kě yǒu jì jiǎndān yòu yǒuxiào de mìjí。

张亮　算了吧。社会上的另类多了去了。我很识相，不要做什么人造帅哥了。我只想做我自己。

Suàn le ba。Shèhuìshang de lìnglèi duō le qù le。Wǒ hěn shíxiàng, bú yào zuò shénme rénzào shuàigē le。Wǒ zhǐ xiǎng zuò wǒ zìjǐ。

朴珍喜　好！我们不要看别人的眼色过日子。爱怎么着就怎么着。

Hǎo! Wǒmen bú yào kàn biérén de yǎnsè guò rìzi。Ài zěnmezhāo jiù zěnmezhāo。

另类 lìnglèi 별종

月子中心 yuèzǐ zhōngxīn 산후조리원

坐月子 zuòyuèzi 산후조리

月嫂 yuèsǎo 산후 도우미

彩超 cǎichāo 칼라 초음파

四维 sìwéi 4D

雷人 léirén 매우 놀랍다

高温瑜伽 gāowēn yújiā 핫요가

魔鬼身材 móguǐ shēncái 몸짱. 뛰어난 몸매

打酱油 dǎ jiàngyóu 관심을 끌지 못하다. 상관없다

晒工资 shài gōngzī 급여를 공개하다

爆料 bàoliào 폭로하다

前卫 qiánwèi 유행을 선도하는

时尚达人 shíshàng dárén 패션 아이콘

养眼 yǎngyǎn 눈이 힐링되는

小鲜肉 xiǎoxiānròu 미소년

人造 rénzào 인공

본문 따라 읽기

1 你就介绍我怎么找月嫂吧。

Nǐ jiù jièshào wǒ zěnme zhǎo yuèsǎo ba。

2 现在人们想把什么都拍下来, 留作纪念。

Xiànzài rénmen xiǎng bǎ shénme dōu pāixiàlái, liúzuò jìniàn。

3 几乎各行各业的薪酬标准都被爆料。

Jīhū gèhánggèyè de xīnchóu biāozhǔn dōu bèi bàoliào。

4 我曾经以为自己是个时尚达人, 现在感觉怎么都跟不上时代了。

Wǒ céngjīng yǐwéi zìjǐ shì ge shíshàng dárén, xiànzài gǎnjué zěnme dōu gēnbushàng shídài le。

5 我们不要看别人的眼色过日子。

Wǒmen bú yào kàn biérén de yǎnsè guò rìzi。

1 有点儿 + 형용사

'조금 어떠하다'는 의미로, 어떠한 상황이 만족스럽지 못한 경우에 주로 쓰인다.

예 她有点担心在国外生孩子。 그녀는 외국에서 아이를 낳는 것이 조금 걱정이다.

note '有点儿'은 형용사 앞에 쓰이는 반면, '一点儿'은 주로 명사 앞에 쓰인다. 동사 뒤에 쓰여 명령을
나타내기도 한다.

예 花一点儿钱。 돈을 좀 쓰다.

发出一点儿声音。 소리를 좀 내다.

走快点儿。 빨리 좀 걸어라.

说慢点儿。 천천히 좀 말해라.

다음에 '有点儿' 또는 '一点儿' 중에 알맞은 것을 선택하기

① 这可是我第一次滑雪, 我还 ＿＿＿＿＿＿ 害怕。

② 我走路走多了, 脚 ＿＿＿＿＿＿＿ 痛。

③ 我肚子饿了, 想吃＿＿＿＿＿＿ 水果。

④ 考试结束了, 心情放松＿＿＿＿＿＿＿＿。

2 叫/让

'~도록 시키다, ~도록 하다'는 의미로, '使/令'에 비해 구어에 더 주로 쓰인다.

예 我也叫我姐别太担心了。 나도 우리 언니한테 너무 걱정하지 말라고 했다.

다음 대화를 '叫/让'을 사용하여 완성하기

① 가. 你为什么不进去？

나. 我没带身份证, 他们＿＿＿＿＿＿＿＿＿＿＿＿＿。

② 가. 他不喜欢学习，怎么办呢？

　나. 你别勉强他做自己不喜欢的事，你就 ＿＿＿＿＿＿＿＿＿＿＿＿＿。(去做自己喜欢的事)

③ 가. 谁打来的电话？

　나. 是找爸爸的，＿＿＿＿＿＿＿＿＿＿＿＿＿＿＿＿＿。(接电话)

3 의문사를 이용한 반문 용법

> '谁, 什么, 怎么, 哪儿, 为什么, 有什么' 등의 의문사를 이용하여, '당연함' 혹은 '반박함', '필요 없음' 등을 나타낸다.
>
> 예 那有什么问题！(→ 没有问题)
> 뭐가 문제겠어! (문제없다)
>
> 这件裙子太短了，好看什么啊！(→ 不好看)
> 이 치마 너무 짧잖아, 뭐가 예쁘다는 거야! (안 예쁘다)

다음 빈칸에 알맞은 의문사를 넣어 문장을 완성하기

① ＿＿＿＿＿＿＿不想坐高级车呢！

② 这么冷的天，吃＿＿＿＿＿＿冰淇淋啊。

③ 我不认识他，＿＿＿＿＿＿能知道他住哪儿。

4 比~更A

> '~보다 더욱 어떠하다'라는 의미를 나타낸다. '~보다 A하지 않다'는 '不比~A'로 쓴다.
>
> 예 这样比结婚生孩子前更加引人注目。
> 그러면 결혼하고 아이를 낳기 전보다 더욱 관심을 끌게 된다.

다음 대화에 '比' 또는 '不比'를 써서 완성하기

① 가. 你在北京过得怎么样？

　나. 我在北京＿＿＿＿＿＿＿在首尔过得更忙。

② 가. 他们足球队踢得很好。

나. 我们队并＿＿＿＿＿＿＿＿＿＿他们队差。

③ 가. 你觉得学汉语难吗？

나. 我觉得学英语＿＿＿＿＿＿＿＿学汉语还难。

5 의문사의 연속 사용

한 문장에 동일한 의문사를 반복 사용하여, '동일한 사람, 동일한 사물, 동일한 방식, 동일한 시간, 동일한 장소' 등을 나타냄. 주로 '就'와 호응하여 쓰인다.

예 爱怎么着就怎么着。 하고 싶은 대로 하라지.

你想买什么就买什么。 네가 사고 싶은 거 사.

谁知道答案，谁就先回答。 누구든 답을 아는 사람이 먼저 대답하세요.

다음 대화를 의문사를 사용하여 완성하기

① 가. 我不知道说些什么。

나. 你想说＿＿＿＿＿＿就＿＿＿＿＿＿＿＿。

② 가. 你让我解释什么啊？

나. 你该＿＿＿＿＿解释，就＿＿＿＿＿＿＿解释。

③ 가. 你想去哪儿旅游？

나. 你想去＿＿＿＿＿，我就陪你去＿＿＿＿＿＿。

1. 단어 고르기

坐月子	晒工资	前卫	雷人

① .... : 网民在网络上把自己的收入公布出来。

② .... : 出人意料且令人格外震惊。

③ .... : 领先于当时。

④ .... : 女性产后，需要一个月养护来恢复身体。

2. 문장 완성하기

① 我们　　别人的　　看　　眼色　　不要　　过日子

....

② 你　　怎么　　吧　　介绍我　　找　　就　　月嫂

....

③ 薪酬　　几乎　　都　　各行各业的　　被爆料　　标准

....

④ 我　　都　　现在　　怎么　　跟不上　　感觉　　时代　　了

....

⑤ 现在　　什么　　想　　人们　　都　　拍下来　　把

....

3. 말해보기

① 다음달에 우리 언니가 베이징에서 출산할 예정이야.

② 다이어트를 해야겠다며, 매일 핫요가를 하러 다니고 있어.

③ 나도 한때 패션 아이콘이었는데.

④ 나한테 간단하고도 효과가 있는 비결이 있어.

116

14 스포츠

신조어 소개

吹黑哨chuī hēishào **편파 판정**

스포츠를 즐기는 팬(球迷 qiúmí)들은 정정당당한 게임을 하는 선수들을 응원한다. 때문에 일부 스포츠에서는 비디오 판독(视频回放shìpín huífàng)을 실행하여 심판의 편파 판정(吹黑哨chuī hēishào)에 대한 불만을 해소할 수 있게 되었다. 테니스에서는 일명 호크아이(鹰眼yīngyǎn)라는 판독 보조시스템을 도입하여 정착이 되었으며, 축구에서도 VAR(视频助理裁判技术shìpín zhùlǐ cáipàn jìshù)을 2016년 일본에서 열린 FIFA 클럽 월드컵에서 최초로 시행한 바 있다. 중국에서도 특히 축구를 좋아하는 팬들이 많이 생겨나면서 심판들의 판정에 대한 관심이 높아지고 있다.

韩国学生金俊浩在北京留学。正在跟中国朋友杨光一边散步一边聊天。

金俊浩 周末你有什么打算？

Zhōumò nǐ yǒu shénme dǎsuàn?

杨光 我要去鸟巢一日游。

Wǒ yào qù Niǎocháo yírìyóu.

金俊浩 城里哪来的鸟巢？

Chénglǐ nǎlái de niǎocháo?

杨光 难道你没听说过？我说的是国家体育场，是2008年第29届奥林匹克运动会的主体育场。外观看上去就仿若树枝织成的鸟巢。

Nándào nǐ méi tīngshuōguò? Wǒ shuō de shì guójiā tǐyùchǎng, shì èrlínglíngbā nián dì-èrshíjiǔ jiè Àolínpǐkè yùndònghuì de zhǔtǐyùchǎng. Wàiguān kànshàngqù jiù fǎngruò shùzhī zhīchéng de niǎocháo.

金俊浩　看来，"鸟巢"已经成为公众约定俗成的一个名称。

Kànlái, "Niǎocháo" yǐjīng chéngwéi gōngzhòng yuēdìngsúchéng de yí ge míngchēng。

杨光　提起"鸟巢"，人们就会不由自主地想起那座钢铁建筑。

Tíqǐ "Niǎocháo", rénmen jiù huì bùyóuzìzhǔ de xiǎngqǐ nà zuò gāngtiě jiànzhù。

金俊浩　原来是这样啊！最近鸟巢有什么比赛吗？

Yuánlái shì zhèyàng a! Zuìjìn niǎocháo yǒu shénme bǐsài ma?

杨光　可惜最近没有比赛观看，但好像旁边的水立方可以游泳。

Kěxī zuìjìn méiyǒu bǐsài guānkàn, dàn hǎoxiàng pángbiān de Shuǐlìfāng kěyǐ yóuyǒng。

金俊浩　水立方就是国家游泳中心吧。也是北京奥运会标志性建筑物之一。对不对？

Shuǐlìfāng jiùshì guójiā yóuyǒng zhōngxīn ba。Yěshì Běijīng Àoyùnhuì biāozhìxìng jiànzhùwù zhī yī。duìbuduì?

杨光　你是个闻一知十的人啊！水立方就在鸟巢的旁边，去北京一定要去鸟巢、水立方。

Nǐ shì ge wényīzhīshí de rén a! Shuǐlìfāng jiù zài niǎocháo de pángbiān, qù Běijīng yídìng yào qù Niǎocháo、Shuǐlìfāng。

金俊浩　提到游泳馆，我就想起中国跳水队，他们还扮演世界跳水领头羊的角色。他们在每届奥运都获得了优异的成绩，多了不起啊！

Tídào yóuyǒngguǎn, wǒ jiù xiǎngqǐ Zhōngguó tiàoshuǐduì, tāmen hái bànyǎn shìjiè tiàoshuǐ lǐngtóuyáng de juésè。Tāmen zài měijiè Àoyùn dōu huòdéle yōuyì de chéngjì, duō liǎobuqǐ a!

杨光　奥运争光不是全部目的和价值，只有在公平竞争的基础上竞争才有意义，各国运动员才能保持和加强团结、友谊的关系。

Àoyùn zhēngguāng búshì quánbù mùdì hé jiàzhí, zhǐyǒu zài gōngpíng jìngzhēng de jīchǔshang jìngzhēng cái yǒu yìyì, gèguó yùndòngyuán cái néng bǎochí hé jiāqiáng tuánjié, yǒuyì de guānxi.

金俊浩　说得好！为了让我们的友谊更加深厚，下午去篮球场斗牛，要不要？

shuō de hǎo! Wèile ràng wǒmen de yǒuyì gèngjiā shēnhòu, xiàwǔ qù lánqiúchǎng dòuniú, yàobuyào?

杨光　今天好不容易晴了天儿，很适合做户外运动。要是你不给我打擦边球，我就有信心不出局。

Jīntiān hǎobùróngyì qíngle tiānr, hěn shìhé zuò hùwài yùndòng. Yàoshì nǐ bù gěi wǒ dǎ cābiānqiú, wǒ jiù yǒu xìnxīn bù chūjú.

吹黑哨 chuī hēishào 편파 판정

鸟巢 Niǎocháo 새집. 베이징 올림픽 주 경기장

国家体育场 guójiā tǐyùchǎng 국가체육관

约定俗成 yuēdìngsúchéng 사회적 약속

不由自主 bùyóuzìzhǔ 자기도 모르게

水立方 Shuǐlìfāng 워터 큐브. 베이징 올림픽 수영 경기장

国家游泳中心 guójiā yóuyǒng zhōngxīn 국가 수영 경기장

奥林匹克运动会 Àolínpǐkè yùndònghuì 올림픽 경기 대회 = 奥运会 Àoyùnhuì, 奥运 Àoyùn

闻一知十 wényīzhīshí 하나를 배우면 열을 안다

冠军 guànjūn 일등 (c.f. 亚军 이등, 季军 삼등)

金牌 jīnpái 금메달

强项 qiángxiàng 강한 종목

血液检查 xuèyè jiǎnchá 혈액 검사 = 血检 xuèjiǎn

领头羊 lǐngtóuyáng 선도자

斗牛 dòuniú 일대일로 붙다 = 单挑 dāntiāo

打擦边球 dǎ cābiānqiú 위법은 하지 않으나, 허점을 이용하여 일을 하다

出局 chūjú 아웃되다. 탈락하다

1 "鸟巢"已经成为公众约定俗成的一个名称。
"Niǎocháo" yǐjīng chéngwéi gōngzhòng yuēdìngsúchéng de yí ge míngchēng.

2 提起"鸟巢", 人们就会不由自主地想起那座钢铁建筑。
Tíqǐ "Niǎocháo", rénmen jiù huì bùyóuzìzhǔ de xiǎngqǐ nà zuò gāngtiě jiànzhù.

3 他们还扮演世界跳水领头羊的角色。
Tāmen hái bànyǎn shìjiè tiàoshuǐ lǐngtóuyáng de juésè.

4 只有在公平竞争的基础上竞争才有意义。
Zhǐyǒu zài gōngpíng jìngzhēng de jīchùshang jìngzhēng cái yǒu yìyì.

5 要是你不给我打擦边球, 我就有信心不出局。
Yàoshì nǐ bù gěi wǒ dǎ cābiānqiú, wǒ jiùyǒu xìnxīn bù chūjú.

어법 포인트

1 동사 + 起

> '동사+起'는 주로 '시작하다'의 의미를 나타낸다.
>
> 예 提到游泳, 我就想起中国跳水队。 수영이라하면, 나는 중국의 다이빙팀이 떠오른다.
>
> 听久了, 我不由自主地唱起了那首歌。 오래 듣다보면 나도 모르게 그 노래를 부르게 된다.

다음의 문장에서 '起'가 들어갈 알맞은 곳을 고르기

① 他们两个人坐 __A__ 到 __B__ 沙发上就喝 __C__ 了茶水 __D__ 。

② 猎人在山上看 __A__ 到 __B__ 了一只狐狸 __C__ , 就举 __D__ 手中的猎枪对准了狐狸。

③ 他很不 __A__ 愿意 __B__ 说 __C__ 以前的事情 __D__ 。

2 의문사 什么

> 의문사 '什么'는 의문으로 쓰이는 외에, 확실히 모르거나 꼭 집어 얘기하지 못하는 어떤 것을 나타내기도 한다.
>
> 예 最近鸟巢有什么比赛吗? 요즘 베이징 올림픽 주경기장에서는 경기를 합니까?
>
> 我很饿, 想吃点儿什么。 나는 배가 고파서 뭔가 좀 먹고 싶다.

다음 대화에 '什么'를 넣어 완성하기

① 가. 你父母决定你的专业吗?

　　나. 不能让别人决定我自己学 ＿＿＿＿＿＿＿＿＿ 专业。

② 가. 你知道自己的错误码?

　　나. 我不知道到底犯了 ＿＿＿＿＿＿＿＿＿ 错误。

③ 가. 你现在平常看点儿 ＿＿＿＿＿＿＿＿＿ 书吗?

　　나. 我最近没有看 ＿＿＿＿＿＿＿＿＿ 书。

3 难道

다음 문장에 '难道, 难怪/怪不得' 중 알맞은 단어를 골라 넣기

① 我昨天才知道他一年前已经出国了。＿＿＿＿＿＿＿＿＿＿这个学期没有人见过他。

② 啊！我们去年在北京见过吧？＿＿＿＿＿＿＿＿看着面熟哇！

③ 开门时间还早着呢。＿＿＿＿＿＿＿你呆在外面等得冻死吗？

4 多么/多

다음 문장을 '多么/多'를 써서 완성하기

① 这孩子＿＿＿＿＿＿＿！没有人不喜欢他。(机灵)

② 你看，这里的水果＿＿＿＿＿＿＿啊！(新鲜)

③ 我＿＿＿＿＿＿＿也不会轻易地放弃。(困难)

5 청유

'V不V？ 好吗？' 등을 문미에 쓰면, '할까요? 해보지 않을래요?'와 같이 어떤 행동을 함께 할 것을 요청하는 표현이 된다.

예 下午去篮球场斗牛, 要不要？ 오후에 농구장에서 한판 붙는거 어때?

下午跟我一起去游泳, 好吗？ 오후에 나랑 수영하러 갈래요?

다음 문장을 청유하는 표현으로 완성하기

① 我好像感冒了, 你 _____ ？ (陪我去医院)

② 这个数学题太难了, 跟我一起 _____ ？ (去问老师)

③ 我想看那部电影, 你去 _____ ？ (替我买票)

연습문제

1. 단어 고르기

领头羊	斗牛	出局	擦边球

① _____ : 街头篮球, 一对一对抗单挑。

② _____ : 无法在其领域继续存在下去。

③ _____ : 规定界限边缘而不违反规定的事。

④ _____ : 一群人中领军、带头的人。

2. 문장 완성하기

① 跳水　还　扮演　角色　他们　领头羊的　世界

_____

② 那　不由自主地　会　想起　钢铁建筑　人们　座

_____

③ 有　不　我　出局　信心

_____

④ 一个名称　成为　已经　它　约定俗成的　公众

_____

⑤ 竞争　只有　基础上　才有　在　意义　公平竞争的

_____

3. 말해보기

① 그들은 올림픽에서도 매번 훌륭한 성적을 올리고 있어.

② 중국 다이빙은 얼마나 대단하니!

③ 오후에 농구장에서 한판 겨뤄 보지 않을래?

④ 네가 치사한 방법만 쓰지 않으면, 나도 지지 않을 자신 있어.

본문 번역 · 연습문제 답안

CHAPTER 01

본문 번역

장팅팅은 집을 알아보러 부동산을 찾았다. 부동산 중개업자 왕둥은 장팅팅에게 아파트를 소개해 주고 있다.

장팅팅　방 2개가 있는 집을 알아보려고 하는데요. 근처에 새로 짓는 아파트가 있나요?

왕둥　있어요. 저쪽 건너편에 서민아파트가 인테리어까지 거의 끝나서, 내년 3월에 입주할 수 있어요. 모델하우스가 있는데 가보시죠.

장팅팅　오, 마음에 드네요. 작은 평수이기는 해도 복층이네요. 이 크기는 얼마나 해요?

왕둥　평당 대략 2~3만 위안 정도 합니다.

장팅팅　세상에! 정말 집값이 많이 올랐군요. 집을 사려다 하우스 푸어 신세를 면하지 못하겠어요. 그런데 듣기로는 불경기라서 내놓은 집들이 많다고 하던데요. 집값이 떨어지진 않을까요?

왕둥　말하기 어렵네요. 팔리지 않는다는 걸 뻔히 알면서도 개발상들은 집값을 내리지 않고 있어요. 아파트 값이 떨어질 경제 위기가 다시 오지는 않을 거라 생각하는 거죠.

장팅팅　그렇군요. 그럼 헌 아파트 가격은 어떤가요?

왕둥　큰 차이 없습니다. 이 지역에 있는 아파트는 새집이나 헌집이나 시세는 비슷합니다.

장팅팅　요즘 파산을 하거나 자금 부족으로 시공이 중단된 건물들이 많다고 하던데요.

왕둥　선분양 하는 아파트는 선지불 후입주라서 좀 불안하죠.

장팅팅　그래서 후분양하는 아파트를 봤으면 해요. 계약금도 높지 않고요.

왕둥　네 있습니다. 저기 앞으로 쭉 가다가 첫 번째 길목에 바로 있어요. 가서 한번 보시죠.

연습문제 답안

1 단어 고르기

　① 裝修　② 期房　③ 样板房　④ 首付　⑤ 房奴

2 문장 완성하기

　① 虽然户型面积不大, 但还是个复式的房子。

　② 这样的房子多少钱一平米?

　③ 要买房都快成房奴了。

　④ 二手房销售情况怎么样?

　⑤ 向前再走第一个路口就是。

3 말해보기

　① 我想找两居室的房子。

② 期房虽然很干净，但是首付很高。

③ 二手房价格多少钱？

④ 要买房都快成房奴了。

CHAPTER 02

본문 번역

회사 동료인 리싱하오와 장팅팅은 사무실에 출근 후 날씨 이야기를 하고 있다.

장팅팅   어젯밤에 갑자기 함박눈이 펑펑 내렸어요.

리싱하오   전 잠을 너무 깊게 자는 바람에 오늘 아침에야 문을 열어 봤는데 이미 날씨가 맑게 개었더라고요. 근데 바닥이 온통 눈으로 덮여 있길래 그제야 어젯밤에 눈이 왔었다는 걸 알았어요.

장팅팅   일기 예보에서는 베이징이 올 들어 가장 큰 눈이 내렸는데 스모그로 인한 오염물질이 완전히 사라졌다고 해요.

리싱하오   때마침 내린 눈으로 보리 농작에 도움이 되겠어요. 속담에 '겨울에 눈이 많이 오면 보리 풍년이 든다'라는 말이 있잖아요. 분명 내년 작황을 촉진시키고 특히 밀 수확이 풍부할 것 같아요.

장팅팅   글쎄요. 반드시 그렇지 않을 수도 있어요. 지구 전체의 기후 변화로 강수, 강우량이 고르지 않아 수해나 가뭄이 빈번하게 나타나고 있잖아요.

리싱하오   나도 최근 몇 년 동안 이상 기후 때문에 걱정이 돼요. 여기도 올해 들어 작년과 비교하면 비가 너무 적게 내렸잖아요. 게릴라성 폭우는 급증했는데요.

장팅팅   보고에 따르면 온실 효과가 폭풍이나 쓰나미를 일으킬 수 있다고 하더라고요.

리싱하오   맞아요. 기후 변화로 바닷물이 줄고 대기 중 수분이 증가하면서 극단적인 기후도 자주 나타나고 있죠.

장팅팅   만약에 환경보호와 에너지 절약에 신경 쓰지 않으면 지구 이상 기후가 점점 심각해질 거예요. 재해성 기후에 대비하지 않으면 안 될 것 같아요.

리싱하오   지난 여름 고온다습한 기온으로 '사우나 같은 날씨'가 열흘이나 지속되었잖아요.

장팅팅   너무 더우니 하루 종일 에어컨을 켜게 되니까 전력 공급도 부족했었죠.

리싱하오   이게 또 환경 문제가 될 수 있을 테고 정말 악순환이에요.

연습문제 답안

1 단어 고르기
　　① 雾霾天气　　② 海啸　　③ 桑拿天　　④ 温室效应　　⑤ 反常

2 문장 완성하기
　　① 我也很担心近几年的怪天气。
　　② 昨晚半夜突如其来地降了一场大雪。
　　③ 这容易导致极端天气增多。
　　④ 单点性暴雨明显增多
　　⑤ 还要做好防范灾害性天气准备工作。

3 말해보기
　　① 预报说，今晚半夜会下一场暴雨。
　　② 上周高温高湿的"桑拿天"持续了四天。
　　③ 我很担心今年海啸较为频繁。
　　④ 如果再不重视节能，会出现电量供不应求的局面。

CHAPTER 03

본문 번역

박진희와 장량은 언어교환으로 만난 친구 사이이다. 둘은 텔레비전 프로그램에 대해서 이야기하고
있다.

박진희　요즘 한국에서 가장 인기 있는 예능 프로그램이 뭔지 알아?
장량　　나는 예능 프로그램에는 별로 관심이 없어. 한국 드라마를 좋아해서 인터넷으로 최신 연속극
　　　　을 많이 보고 있어. 듣기로는 서바이벌 오디션 같은 프로그램이 많다고 하던데.
박진희　맞아. 나는 일요일 저녁에 하는 서바이벌 오디션 프로그램을 좋아해서 본방송은 꼭 사수해야
　　　　돼. 외출했다가도 그 시간만 되면 꼭 집에 와서 시청을 해.
장량　　나는 무엇보다도 긴장감과 박진감을 느낄 수 있는 게 좋아. 특히 가수 오디션 프로그램이
　　　　좋더라구.
박진희　나도 가수들이 노래 부를 때 음이탈이 나거나 박자를 놓치거나 가사를 까먹으면 어쩌나 괜스
　　　　레 걱정이 돼.
장량　　그뿐만 아니라 심사위원들의 평가도 매우 프로페셔널해서 관중들에게 깊은 인상을 남기잖아.
박진희　ARS로 시청자 의견을 수렴해서 평가를 하니까 자기가 좋아하는 선수를 응원할 수도 있어.
장량　　유사한 프로그램이 중국에도 있어.

박진희 알아. 그 중 대중가수 선발 프로그램은 중국에서 매우 인기 있는 오락프로 중 하나잖아. 이런 대회에 참가하는 가수는 가창력과 실력을 갖추었을 뿐만 아니라 이미지 면에서도 매체나 사람들의 관심을 불러 모을 수 있어.

장량 게다가, 시청자들이 직접 평가하고 선발하는 형태의 프로그램이니 예전의 고리타분함을 벗어나 적지않은 사람들이 참가할 수 있다는 거야.

박진희 서바이벌 오디션이 젊은 사람들에게 가장 이슈인 거 같아. 서바이벌 오디션이라는 새로운 통로를 통해 스타가 탄생하잖아. 여가수 중 몇몇은 바로 그런 프로에 나와서 일약 스타가 되었어.

장량 그래. 방송 매체에서 이러한 서바이벌 오디션 프로그램이 경쟁적으로 생겨나고, 노래뿐만 아니라 갖가지 재능을 겨루는 프로그램이 나오고 있어. 전 국민의 오디션화라고 해도 과언이 아니지.

연습문제 답안

1 단어 고르기

① 评委 ② 老套 ③ 大腕儿 ④ 选秀节目 ⑤ 首播

2 문장 완성하기

① 曾经是中国大陆颇受欢迎的娱乐节目之一。

② 即使有事到外边去, 到了晚上也得准时回来观看。

③ 我喜欢每周日晚上播放的选秀节目。

④ 看得连我自己都激动起来。

⑤ 只要有特殊才艺都可以上节目。

3 말해보기

① 我不懂那些选秀节目怎么那么受欢迎。

② 我非得守着首播看不可。

③ 你看过那个明星大腕儿演的电影吗？

④ 韩国连续剧即使情节发展很老套, 我还是喜欢看。

 CHAPTER 04

본문 번역

회사 동료 장팅팅과 리싱하오는 점심을 먹으면서 주식 투자에 대해 이야기하고 있다.

리싱하오 팅팅씨, 요즘도 복권을 자주 사요?

장팅팅 네, 매주 몇 장씩 재미삼아 사고 있어요. 복권에 너무 많은 시간을 들이는 것도 그렇고 그냥 재미로 사는 거죠. 일등에 당첨이 될 수도 있잖아요. 하하.

리싱하오 아니면 주식 투자를 해 보는 건 어때요?

장팅팅 저도 생각을 안 해본 건 아닌데 투자할 자금도 없고 주식의 '주'자도 모르고 어떻게 계좌를 만드는지도 몰라요.

리싱하오 생각만큼 그리 어렵지 않아요. 남들은 다 부동산이며 주식 투자로 짧은 시간 안에 돈을 버는데 이렇게 가만히 있어서야 되겠어요?

장팅팅 그럼 제가 시작할 수 있게 정보를 좀 주세요.

리싱하오 지난번 부실 채권 때문에 금융 위기가 왔을 때를 기억해요? 저는 그때 위기가 기회라고 생각하고 땅으로 떨어진 주식을 샀었거든요.

장팅팅 기억나요. 지금 이렇게 주식 시장이 반등할지 누가 알았어요. 일가견이 있으시네요.

리싱하오 처음엔 제 아내도 반대를 많이 했거든요. 아무튼 미래를 위해 준비를 해야 한다고 생각했어요.

장팅팅 네, 저도 그렇게 생각합니다. 저희도 매달 정기 저축을 하고 있고 재테크형 생명 보험을 들어 놓은 게 있습니다.

리싱하오 저는 보험에 대해서는 그다지 추천해 드리고 싶지는 않군요. 매달 보험으로 나가는 돈도 부담스럽고요.

장팅팅 하지만 이것도 미래를 위한 투자라고 생각해요. 리싱하오 씨 말처럼 미래를 위해 뭐든 하지 않으면 불안하잖아요.

리싱하오 휴, 요즘 참 사는 게 어렵군요!

연습문제 답안

1 단어 고르기

① 炒股　② 炒房　③ 走低　④ 反弹　⑤ 贷款

2 문장 완성하기

① 应该为家人的未来做点儿什么。

② 当初我爱人也对炒股这玩意儿看不顺眼。

③ 炒股没有你想象的那么复杂。

④ 我是向来不看好保险的。

3 말해보기

① 我对股市一窍不通。

② 我为你提供一些信息。

③ 人们是向来不看好保险的。

④ 我也不是没想过。

CHAPTER 05

본문 번역

박진희와 장팅팅은 중국어 어학연수를 할 때 알았던 일본친구 기무라를 만나 인터넷과 SNS에 대해서 이야기를 하고 있다.

박진희　정말 오랜만이다. 다들 잘 지냈지?

장팅팅　종종 블로그며 트위터로 연락을 해서 그런지 1년 만에 만났지만 하나도 낯설지가 않아.

기무라　맞아. 나는 둥둥과 페이스북 친구거든. 매일 같이 서로의 페이스북에 드나들다 보니 거의 맨날 만난 것 같아. 네 블로그가 요즘 인기더라.

박진희　그렇게 인기가 많지는 않아. 전에 올렸던 포스트에는 많은 댓글이 달렸었는데 지금은 몇몇 네티즌만이 들어와서 '1등, 2등' 놀이를 하며 댓글을 달아. 아마도 인터넷에 올리는 댓글이 전부 실명제가 되어서 가입 때도 신분 인증을 해야 하기 때문인 것 같아.

기무라　트위터 실명제에 대해서는 일부 네티즌들은 무책임하고 해로운 정보를 감소시킬 수 있을 거라 하고 일부에서는 실명제가 개인정보 유출로 악용될 수 있다고 걱정하기도 하더라고.

장팅팅　나는 모멘트에 내 개인 생활이나 직장, 친구나 친척들의 일들을 조금씩 기록해 놓았거든.

박진희　포스트를 다는 것도 신중해야 돼. 댓글에는 도배글을 달지 못하도록 해야 하고.

장팅팅　나도 전에 한번 악플이 달린 거야. 그때 바로 대응하지 않고 개인적으로 회답을 줬어.

기무라　인터넷이 허상의 공간이라 해도 사람들 간의 교류의 장이기도 하잖아. 네티즌은 인터넷 예절을 알아야 할 것 같아.

박진희　근데 사람들이 인터넷 상에 고의적으로 거짓 정보를 올리기도 하잖아.

기무라　다른 사람을 존중하지 않는 악플러들은 엄중히 처벌받아야 한다고 생각해.

박진희　인류는 이미 정보화 시대에 살고 있고 인터넷은 점점 우리 생활에 깊숙이 개입되고 가까워지고 있어.

장팅팅　컴퓨터는 일반 가정에서 널리 쓰이고 핸드폰으로 인터넷을 하는 게 하나도 이상할 게 없는 시대야.

기무라　과학 기술은 인간에게 편리를 주는 동시에 적지 않은 부작용도 가져 와.

장팅팅　우리는 정말 그런 부작용을 제어하지 못할까?

박진희　합리적으로 과학을 활용한다면, 더 나은 미래를 만들 수 있을 거라 생각해.

연습문제 답안

1 단어 고르기

　① 跟帖　② 网民　③ 报料　④ 博客　⑤ 灌水

2 문장 완성하기

   ① 一发布博文, 就有不少人跟帖。

   ② 我网站的人气没有你说的那么旺。

   ③ 只要合理运用科学, 就可以创造一个更美好的世界。

   ④ 通过私信的方式进行回复。

3 말해보기

   ① 那个博客网站一发布博文, 就有不少网民跟帖。

   ② 应该很严格地管理那些不尊重别人的砸帖。

   ③ 我很担心个人信息遭泄露。

   ④ 用手机上网也已经不足为奇。

 CHAPTER 06

본문 번역

리싱하오와 장팅팅은 오랜만에 카페에서 만나서 이야기를 나누고 있다.

장팅팅   와, 아직도 그런 핸드폰을 가지고 다녀? 지금이 어느 때인데. 그런 핸드폰은 이미 골동품이 됐어.

리싱하오   야, 그러지 마. 지난달에 막 핸드폰을 바꿨었거든, 스마트폰으로 말이야.

장팅팅   대체 무슨 일이 있었기에 시대를 역행하게 된 거야?

리싱하오   말하자면 길어. 지난주 해외 출장을 가려고 여행사로 비자를 하러 갔거든. 거기 가서야 핸드폰이랑 지갑이 통째로 없어져 버린 걸 알았어. 블로그나 트위터 모두 핸드폰으로 하는데 갑자기 없어지니 정말 불편해.

장팅팅   맞아. 스마트폰은 그냥 핸드폰이 아니잖아. 통화만 하는 게 아니라 어플 다운도 받을 수 있고 음악, 사진도 내려 받고, QR코드 스캔까지 다양한 기능을 쓸 수 있으니까 말야.

리싱하오   게다가 주식, 뉴스, 날씨, 교통, 제품 등의 정보를 손쉽게 얻을 수 있잖아.

장팅팅   인터넷이 우리 생활 방식을 바꿔 놓은 것 같아. 종이 편지나 유선 전화가 메일이나 스마트폰으로 바뀌게 되고 그래서 우리 소통 방식도 많이 바뀌게 되었잖아.

리싱하오   이게 불과 몇 년 전 일임에도 불구하고 어느 누구도 예상하지 못했잖아.

장팅팅   여기 커피숍에 있는 사람들 좀 봐. 다들 노트북, 핸드폰이나 태블릿 PC에서 눈을 떼지 못하고 있잖아.

리싱하오   같이 앉아 있어도 서로 이야기하는 사람은 거의 없어. 다 제각기야.

장팅팅   정보 기술이 우리 생활에 질적 향상을 주었을지 몰라도 인간 소외와 무관심, 사람 기피 현상

등 심리적 문제들이 생기는 것 같아.

리싱하오 나도 그렇게 생각해. 정말 동감이야. 너희들도 핸드폰으로 채팅어플 사용하니? 난 제때 문자
를 받으려고 화장실 갈 때도 가져가는 걸.

장팅팅 정말 못 말려! 너도 핸드폰 중독자구나!

연습문제 답안

1 단어 고르기

① 手机控　② 智能手机　③ 短信　④ 下载　⑤ 扫描

2 문장 완성하기

① 忙活了半天才发现连钱包带手机都不见了。

② 你的说法我很赞同，也很有同感。

③ 他们的视线寸步不离地看着自己手里的手机。

④ 我们的沟通方式已发生了巨大的变化。

3 말해보기

① 我们的沟通方式已发生了巨大的变化。

② 现在上博客、微博都用手机。

③ 虽然坐在一起，但是很少有人跟同伴聊天，都各玩各的手机或平板电脑。

④ 智能手机除了具备通话功能外，还提供下载音乐图片等的功能。

CHAPTER 07

본문 번역

대학 동창인 장팅팅과 천옌은 상점에서 옷을 고르며 이야기를 하고 있다.

천옌 이제 금방 여름이야. 좀 예쁜 옷을 사고 싶은데 뭘 입어야 할지 모르겠어. 네가 옷 잘 고르잖
아. 좀 도와줘. 여름철 백화점 옷들은 너무 많아 정신없어.

장팅팅 결정하지 못하는 상황에서는 상점 점원한테 가장 인기 있는 옷을 추천해 달라고 해봐. 어쩌
면 네가 원하는 스타일일지도 몰라. 패셔니스타가 될지도 모르지.

천옌 점원들은 다 말만 번지르르하잖아. 손님들 사게 하려고 입에 바른 소리만 하니까 괜히 속을
수도 있을 것 같아.

장팅팅 방법이 또 있어. 최근에 국내 의류 인터넷 시장이 빠르게 발전하고 있잖아. 거기서 공동 구매
도 할 수 있어 편리하고 빠른 구매 방법이야.

천옌   아, 그렇구나. 보아하니 너도 자주 인터넷에서 물건을 사는 것 같은데?

장팅팅 많은 은둔형 사람들은 이미 인터넷 구매가 일상이 되어 버렸어. 옷을 사거나 생활 용품을 구매하거나 심지어 음식 주문도 인터넷으로 다 가능하니까 말야.

천옌   이렇게 되면 인터넷에서는 생각지도 못한 것들은 있어도 사지 못하는 것들은 없다고 말 할 수 있겠네. 평일 낮에 쇼핑할 시간이 없으니 인터넷 쇼핑이 생활을 더 풍족하게 해주겠는걸.

장팅팅 유행을 좋아하는 동료 하나도 최근에 같이 쇼핑하자는 소리를 하지 않더라고. 알고 보니 인터넷 쇼핑 중독이 됐더라고.

장팅팅이 핸드폰을 켜서 인터넷에 접속한다.

장팅팅 옷을 사고 싶다 했잖아? 봐, 올해 유행하는 쉬폰 블라우스인데 시원스런 옷감이 부드러워서 잘 어울리잖아. 많은 패셔니스타들의 워시 아이템이었거든.

천옌   어! 이 인터넷 사이트 매장의 옷이 인기가 많네. 지난번 나온 여름 의상 신제품 중 가오리 티셔츠는 10분도 안 돼서 다 팔렸어.

장팅팅 이 레이스 반팔은 오늘 반 가격 한정 판매하는데 무료 배송이야!

천옌   근데 지불은 어떻게 하지?

장팅팅 인터넷 구매는 그리 복잡하지 않아. 인터넷 뱅크로 계좌 이체하거나 신용카드를 쓰면 돼. 그래도 마음이 놓이지 않으면 착불로 해도 되고.

천옌   내 생각에 인터넷 쇼핑은 길거리 쇼핑을 꺼리는 많은 남성들도 좋아하겠는데.

장팅팅 그치. 인터넷 쇼핑은 돈 절약, 시간 절약, 힘 절약이라 할 수 있지.

연습문제 답안

1 단어 고르기

① 包邮　② 团购　③ 抢购　④ 网购　⑤ 最爱

2 문장 완성하기

① 是又方便又快捷的购物方式。

② 我担心被人给坑了。

③ 网购同时也受到众多不愿逛街的男士的欢迎。

④ 很多宅男宅女已经把网购当做日常生活的一部分了。

⑤ 不妨去商场听听导购员推荐的热卖爆款。

3 말해보기

① 平时没时间去商场购物。

② 网购是又方便又快捷的购物方式。

③ 她肯定网购成瘾了！

④ 团购天天半价秒杀, 有些商品经常热卖爆款。

CHAPTER 08

본문 번역

대학 동창들이 만나 결혼에 대해 이야기를 하고 있다.

장량   니들 서른이 다 되어가는데 아직 결혼 생각이 없는 거야? 사귀는 사람도 없고 말야.

천옌   사람을 아직 못 만났어. 누구 좋은 사람 좀 소개시켜줘.

장팅팅 천옌, 너 아이 낳는 거 싫다면서 마음이 바뀐 거야?

천옌   결혼한다고 꼭 아이를 가질 필요는 없잖아. 난 딩크족으로 살고 싶어. 혼자 살기는 너무 외로울 것 같고 삶의 동반자가 있으면 좋겠어. 근데 아이는 걱정거리가 되잖아. 그래서 딩크족이 되고 싶은 거야. 아이에 대한 부담이 없으면 하고 싶은 거 그냥 할 수 있잖아.

장팅팅 난 점점 결혼 생각이 없어.

천옌   넌 말뿐이잖아. 갑자기 운명적인 사람을 만나면 초스피드 결혼을 할지도 몰라.

장팅팅 초스피드 결혼은 초스피드 이혼 가능성이 있어. 난 그렇게 바보는 아냐. 요즘 결혼할 때 집이 있느냐, 수입은 얼마냐 물어야 하는 게 싫은 거야.

장량   지금 중국의 젊은 사람들 중 '간소한 결혼'이 서서히 유행하고 있어. '나혼'은 방도, 차도, 결혼식도 심지어 결혼반지도 하지 않고 바로 혼인신고만 하고 결혼하는 일종의 결혼 방식이야.

장팅팅 결혼 후에 어떤 일들이 일어날 수도 있고 준비하지 않고 결혼을 하면 허둥지둥 하게 될 것도 같아.

천옌   난 국제결혼도 괜찮을 것 같아. 아마도 이런저런 혼수 등 번거롭지도 않을 것 같고.

장팅팅 귀여운 고양이랑 같이 살고 있는 지금이 좋아.

장량   정말 어쩔 수 없다. 한 명은 딩크족이 되겠다하고 한 명은 애완동물 딩크족으로 살겠다니.

연습문제 답안

1 단어 고르기

   ① 闪婚   ② 裸婚   ③ 跨国婚姻   ④ 丁克族

2 문장 완성하기

   ① 谁来给我做个媒吧。

   ② 说不定突然有一天遇到真命天子。

   ③ 结婚不一定要生孩子。

   ④ 也许不用烦恼出多少嫁妆。

3 말해보기

   ① 我还没有遇到缘分。

   ② 我越来越没有结婚的想法。

③ 没有准备好就结婚，会手忙脚乱的。

④ 我想跨国婚姻也不错吧。

CHAPTER 09

본문 번역

한국 학생 김수진과 중국 학생 양광은 각기 자기 나라의 대학 입시 문제에 대해 이야기를 하고 있다.

김수진 올해는 내 사촌 동생이 시험의 노예가 될 거야.

양광 사촌 동생도 고3이야?

김수진 무슨! 중학교 올라가. 요즘은 무작정 학벌을 좇는 사람들이 많잖아. 학부모나 학생 모두 어느 정도 대입이 인생을 결정한다고 믿는 것 같아.

양광 중국도 마찬가지야. 학부모들은 '초등학교에서 중학교로 올라갈 때' 순조롭게 원하는 좋은 학교를 보내기 위해 아이들을 각종 유명 학교에서 여는 예비반에 보내거나 사설 학원의 시험을 보게 하고 있어.

김수진 이런 학원들조차 시험을 봐야 들어갈 수 있다면서?

양광 근데 이런 학원에 들어간다고 해서 좋은 학교를 갈 수 있는 것도 아니고 그저 그 학교에 시험 볼 기회가 주어질 뿐이야.

김수진 애초에 나도 중국 유학을 스스로 선택한 건 아니었어. 최근 유학 열풍이 거세지면서 적지 않은 학생이 자기가 유학하는 이유도 모르고 유학을 떠나잖아. 해외 생활이나 학습을 위한 준비도 되어있지 않은 채 '이유도 모르고' 부모가 보내서 가는 거지.

양광 너도 '보내져서' 온 거구나!

김수진 꼭 그렇지는 않아. 부모님은 나를 해외에 나가 더 넓은 세상을 보고 안목을 넓힐 수 있게 날 중국으로 유학을 보내신 거라고. 이후에는 오히려 내가 중국 문화를 좋아하게 돼서 여기서 공부하게 된 거야.

양광 그랬구나. 중국도 조기 유학이 늘어나고 있거든. 이유도 모른 채 유학을 가는 학생들이 증가해서 각종 문제를 일으키고 있어.

김수진 기말이 다가오면 시험에 임박한 중3이나 고3 졸업반 아이들의 빈자리가 점점 늘어난다던데.

양광 맞아. 일부 학교에서는 심지어 '유학반'이라 부르는 반이 있어. 유학을 준비하거나 예체능 특기생들이 빠져나가는 거야.

김수진 다들 좋은 대학을 가려고 그러는 거 아니겠어.

양광 나도 알지. 이런 현상이 두 나라 모두 비슷하게 나타난다는 걸.

김수진 중국, 한국 모두 교육열이 대단해. '평생을 결정하는' 입학제도가 몇 년이 지나도 변함이 없고, 이렇게 폐단도 많이 생겨나니 효과적인 개혁이 정말 필요해.

연습문제 답안

1 단어 고르기

　① 空巢班　② 占坑考　③ 高考　④ 被留学

2 문장 완성하기

　① 完全没有对海外学习生活做好准备。

　② 送我到中国来读书。

　③ 我父母想让我到国外开开眼界。

　④ 中韩都对教育的热情非常高。

　⑤ 安排孩子参加各种培训班。

3 말해보기

　① 开始盛行低龄留学。

　② 不少学生不明不白地被留学了。

　③ 我父母希望我到国外开开眼界，增长知识。

　④ 家长为了让孩子能够进入理想的学校，安排孩子参加各种培训班。

CHAPTER 10

본문 번역

한국 학생 김수진과 중국 학생 양광은 졸업 후 취업에 대해서 고민하고 있다.

김수진　고등학교 땐 대학 가느라 시험에 시달렸는데 지금은 또 취업 때문에 시험에서 벗어나질 못하네.

양광　　말해서 뭐하겠어. 대학에 들어가도 또 좋은 직장을 얻기 위해서 시험을 끊임없이 봐야하잖아.

김수진　영어 점수를 높이려고 계속해서 시험을 보는 점수 '갱신족'들도 적지 않잖아.

양광　　친구들이 자격증 시험 준비에 정신없는 것을 보면 나는 무슨 자격증을 따야 할지 몰라서 고민이야.

김수진　나는 전공을 바꿀까 고민 중이야. 우리 전공은 실업률도 꽤 높고 급여는 적은 편이라 실업 위험군 전공으로 분류되기도 해.

양광　　나도 작년에 대입 지원서 쓸 때, 우리 반 친구들이 전공에 상관없이 좋은 학교에만 들어가면 좋겠다고 했던 게 기억나. 인기 있는 전공이 뭔지 고민도 안 했는데, 지금은 실업 위험군 전공인 게 걱정이야.

김수진　아무튼 전과를 하려면 제한 사항도 많잖아. 전과하기 전에 그 전공이 정말 나한테 맞는지 이성적으로 따져볼 필요가 있어.

양광   근데 최근 중국도 취업율이 낮아지고 있어. 취업 경쟁이 치열해지는 상황에서 해외 유학을
       하려고 생각하는 친구들이 많아.

김수진 이렇게 보면 한국이나 중국이나 비슷한 상황인 것 같아. 한국 정부는 실업률을 낮춘다고 여
       러 대책을 내놓고 있지만 큰 효과는 보지 못하고 있어. 정부 차원에서 취업률을 높이려고
       해외 유학이나 비정규직까지 취업자로 취급하고 있는 상황이야.

양광   중국의 일부 대학은 취업률을 높이겠다고 '취업률 부풀리기'까지 하는데, 졸업생한테 아무데
       나 가서 취업 증명서를 떼어오게 했거든.

김수진 아니면, 나는 복수 전공을 할까봐. 선택의 폭이 넓어질 거 같아.

양광   그것도 괜찮은 방법이네. 근데 지금은 다들 취업하려고 난리지만 막상 취업을 하게 되면 또
       사회의 인재가 되고 싶어서 출퇴근 노예가 될 걸.

김수진 에효, 우리 이렇게 평생을 고생해야 하는 거야? 언제쯤 근심걱정 없이 살 수 있을까?

양광   내 느낌에 너 월급 받으면 그 달에 다 써버리는 '월광족'이 될 거 같은데?

김수진 지금은 뭐라 말해도 다 소용없어. 그냥 얼른 제대로 된 직장이나 찾았으면 좋겠어. 내가 월광
       족이 되는지는 앞으로 두고 보자고.

연습문제 답안

1 단어 고르기
   ① 上班奴　　② 刷刷族　　③ 双学位　　④ 月光族

2 문장 완성하기
   ① 这样就将会有更多的选择余地。
   ② 我看韩国的情况跟中国比起来好不到哪儿去。
   ③ 只是希望早点找到一个像样的工作。
   ④ 为了追求高分而继续报考。
   ⑤ 学什么专业都可以。

3 말해보기
   ① 我不知道该考些什么证。
   ② 越来越多的学生选择出国留学继续深造。
   ③ 什么时候可以轻轻松松过无忧无虑的日子？
   ④ 大家现在都只为找工作而努力奋斗。

CHAPTER 11

본문 번역

병원에서 두 아기 엄마가 진료를 기다리면서 건강에 대해 이야기를 하고 있다.

장씨 오늘이 토요일이라 사람들이 너무 많아요. 아무래도 오래 기다려야 할 것 같아요.

유씨 요즘 수족구가 유행이라는데, 우리 애 손에 수포가 있는 게 수족구 병이 아닌가 걱정이 돼요.

장씨 우리 딸애도 먹질 못하고 목이 아프다네요. 그래서 병원에 왔어요. 애기가 몇 살이에요?

유씨 다섯 살이요. 얘네 반 아이들이 유행성 수족구에 걸려서 반 이상이 유치원에 못 왔다고 해요. 수족구는 치료 방법이 따로 있는 게 아니라 충분한 휴식을 취해야 나을 수 있다고 해요.

장씨 이 병은 음식, 호흡기 분비물, 접촉 등을 통해 전염되니까 식품 위생에 주의하고, 이미 병에 걸린 아동과의 접촉을 피하고, 평소에 체력 단련을 해야 해요.

유씨 그래요. 체력을 키우는 것만이 병에 걸리지 않을 거예요.

장씨 근데 요즘 사람들은 일이 바빠 체력 단련을 할 시간이 없잖아요. 일의 강도나 생활 스트레스가 커서 그런지 병명도 정확히 없으면서 정상도 아닌 중간 상태에 있더라고요.

유씨 더욱이 좋지 못한 환경이 해를 끼치는 것 같아요. 예를 들어 매일매일 컴퓨터를 하니 인터넷 관련 증상이라든가, 여름철 에어컨 때문에 냉방병이라든가 말이에요.

장씨 이렇게 매번 병원에 가는 것도 약값도 만만치 않고요. 우리 같은 서민들은 돈이 어디 있어서 병원에 가 치료를 받겠어요.

유씨 그래도 지금은 여러 가지 질병 치료를 위한 사회 보험이 있잖아요. 그 중 비교적 보편적인 게 먼저 비용을 지불하고 나서 진단서를 내면 보험 회사에서 전액 또는 규정에 따라 비용을 지불해 주잖아요.

장씨 그건 중국에서 비교적 잘된 의료 보장 제도지요?

유씨 하지만 여전히 사회 전반적으로 볼 때 의료 보험의 범위가 매우 국한적이에요. 그래서 여전히 상업적 의료 보험으로 보충해야 해요. 사회 보험은 대중의 기본 수요이고 상업적 보험은 개인과 가정의 전면적인 보장을 위한 거죠.

장씨 만약 모든 보험을 든다해도 보험금을 쓰지 않게 되길 바라요. 가족들이 모두 건강하고 평안했으면 좋겠어요.

연습문제 답안

1 단어 고르기

① 垫付　② 网络综合症　③ 医疗保险　④ 亚健康

2 문장 완성하기

① 听说最近手足口又流行起来了。

② 不良环境也会给我们带来危害。

③ 我们老百姓哪来的那么多钱去医院治病呢。

④ 这个病主要通过食物及接触传播。

⑤ 社保关心的是社会大众的基本需求。

3 말해보기

① 现代人工作比较忙碌，没有时间去锻炼身体啊。

② 人特别多。看来我们得等很久。

③ 医药费也得花不少钱吧。

④ 现在社会上有各种各样的医疗保险。

CHAPTER 12

본문 번역

장팅팅과 장량은 마트 야채코너에서 야채를 고르면서 식품 안전에 대해 이야기를 하고 있다.

장팅팅 요즘 야채 먹는 걸 안심할 수가 없어.

장량 왜?

장팅팅 시장에서 파는 일부 야채에 성장 촉진제를 넣는다고 해. 성장 촉진제를 넣은 야채는 빨리 자라기는 하지만 여러 생리적 장애를 일으킬 수 있거든.

장량 시장에서 파는 오이에 노란 꽃이 피어 있잖아. 많은 사람들이 꽃이 핀 게 신선하다고 생각하는 거 같아. 근데 대부분의 사람들이 꽃이 핀 오이가 성장 촉진제를 넣은 '눈속임'이라는 걸 모르는 모양이야.

장팅팅 그럼 우린 뭘 먹을 수 있을까, 직접 야채를 길러야 안심할 수 있는 거야?

장량 그래서 사람들이 점점 식품 안전에 대한 관심을 가지게 되니까 시장에서 '유기농 식품'이나 '녹색 식품'이라 표시된 농산품이 인기를 얻는 거 같아.

장팅팅 유기농 제품을 기를 때 비료나 농약의 요구가 매우 엄격해서 모두 천연 제품이라고 해.

장량 그렇구나, 유기농 야채 생산에 제한이 있어서 가격도 비싼 거구나.

장팅팅 근데 유기농 야채가 진짜인지 가짜인지 어떻게 구별하지?

장량 중국 국내 생산의 모든 유기농 식품은 일괄적으로 위조 방지 표식이 있어. 표식에는 유기농 인증 번호가 있어서 소비자들이 '중국 식품 농산품 인증 시스템' 사이트에 들어가면 유기농 인증 번호를 확인하고 진짜인지 가짜인지 구별할 수 있어.

장팅팅 하나 또 좋은 방법은 집 베란다나 집 앞 빈 공간에 야채를 심는 거야. 언제든지 신선한 야채를 얻을 수 있을 뿐만 아니라 환경 미화에도 좋을 거 같아. 또 일이나 생활의 스트레스를 완화할 수도 있고 말이야. 이건 이미 도시생활의 새 트렌드가 된 거 같은데.

장량　근데 난 해본 적이 없어서 어떻게 야채를 심지?

장팅팅　초보자는 쉽게 심을 수 있고 빨리 자라는 야채를 선택하는 게 좋아. 예를 들면, 청강채나 청경채는 1년 내내 기를 수 있어. 더욱이 성장도 빨라서 5~6주 후면 뜯어 먹을 수 있어.

장량　여주, 양파, 생강 등은 자생력이 강하고 특이한 향이 있어서 해충에 강하고 농약이나 화학비료를 사용하지 않아도 잘 자랄 거야.

장팅팅　현재 식품 안전이 마음 놓이지 않잖아. 우리 스스로 집에서 야채를 길러 먹는 게 나을 듯해.

장량　그럼 너무 좋지. 야채 뜯어 먹을 때 나도 맛 좀 보게 해주는 거 잊지 마!

연습문제 답안

1 단어 고르기

　① 有机蔬菜　② 绿色食品　③ 化肥　④ 生长促进剂

2 문장 완성하기

　① 我没有什么种植经验。

　② 不如我自己在家种菜吃好了。

　③ 利用家庭阳台空地种植蔬菜。

　④ 人们越来越重视食品的安全和品质。

　⑤ 有机蔬菜对种植过程的要求很严格。

3 말해보기

　① 有机食品的价格比普通食品会高一些。

　② 绿色食品对化肥、农药的要求很严格。

　③ 在阳台空地种植的蔬菜吃得很放心。

　④ 葱、姜等适应性强, 能生长得很好。

 CHAPTER 13

본문 번역

박진희는 중국 친구 장량과 국제 전화 통화를 하고 있다.

박진희　너무 기대 돼. 다음달에 우리 언니가 중국 베이징에서 둘째를 출산할 예정이야. 그런데 외국에서 출산하는 거라 걱정이 되나봐. 중국은 산후조리원이 많이 없다고 하더라고.

장량 　산후조리원? 베이징에서 산후조리원은 거의 볼 수 없고 흔하지도 않아. 여기 사람들은 집에서 산후조리하는 것을 비교적 좋아해. 사촌누나도 지난달에 애기를 낳았는데 집에서 조리를 했어.

박진희 　그렇구나. 언니한테 너무 걱정하지 말라고 해야겠다. 산후도우미 찾는 걸 알려줄 수 있어?

장량 　그럼! 나중에 사촌누나한테 물어봐줄게. 참, 요즘 칼라 초음파를 찍는 게 유행이라는데 들어봤어? 게다가 4D라더라. 놀랍지 않아?

박진희 　말도 마. 우리 언니는 며칠 전 태아 첫 기념사진에, 태아 포토북에, CD까지 만들더라. 꼭 웨딩촬영하듯이 말야.

장량 　그러게. 요즘은 뭐든 다 사진으로 남기려고 하지. 우리 사촌누나도 만삭 사진 촬영을 한다고 그러더니, 이제는 다이어트를 하겠다고 매일 핫요가를 한다고 난리야.

박진희 　이게 다 연예인들 때문인 거 같아. 연예인들은 출산 후에 얼마 되지 않아 날씬한 몸으로 돌아와서 그전보다 더 주목을 받잖아.

장량 　연예인들은 무관심을 제일 걱정하니까. 아무튼 인기로 밥 벌어먹는 사람들이니까 어떻게든 지명도를 높이고 싶겠지.

박진희 　요즘은 공인이 아니어도 다들 뭔가 보여주는 걸 좋아하는 거 같아. 얼마 전에는 자기 월급이 얼마인지 다 드러내는 사람들을 봤어. 거의 모든 업종의 급여가 다 폭로가 되었지.

장량 　그러게. 그 사람들은 참 개방적이다. 나도 한때 유행에 능통하다고 생각했는데, 지금은 어째 시대에 뒤떨어지는 거 같아.

박진희 　아직 30살도 안 됐는데 이제라도 시작하면 되지. 아니면 내가 잘생긴 미소년이 되는 법 알려줄게. 나한테 간단하고도 효과적인 비법이 있거든.

장량 　됐어. 세상에 별종은 많고도 많아. 나도 내 자신을 잘 알고, 인조 미남은 되기 싫어. 그냥 나대로 살래.

박진희 　그래! 우리 남의 눈치 보면서 살지 말고, 우리가 원하는 대로 살자.

연습문제 답안

1 단어 고르기
　　① 晒工资 　② 雷人 　③ 前卫 　④ 坐月子

2 문장 완성하기
　　① 我们不要看别人的眼色过日子。
　　② 你就介绍我怎么找月嫂吧。
　　③ 几乎各行各业的薪酬标准都被爆料。
　　④ 我现在感觉怎么都跟不上时代了。
　　⑤ 现在人们想把什么都拍下来, 留作纪念。

3 말해보기

① 下个月我姐要在北京生宝宝。

② 现在争着要减肥，天天去练高温瑜珈。

③ 我曾经是个时尚达人。

④ 我可有既简单又有效的秘笈。

 CHAPTER 14

본문 번역

베이징으로 유학 온 한국 남학생 김준호는 중국 친구 양광과 길을 걸으며 이야기하고 있다.

김준호 주말에 뭐 할 거야?

양광 새둥지(냐오차오)에 갈까 해.

김준호 이런 도시에 새둥지가 어디 있어?

양광 모르니? 국가체육관말야. 2008년 29회 올림픽 주경기장의 형태가 나뭇가지로 만든 새둥지 모양이라서 그렇게 이름이 붙여졌어.

김준호 그래서 사람들이 '새둥지'라고 부르는 게 일반화 됐구나.

양광 사람들이 '새둥지'라는 말만 들어도 자연스럽게 국가체육관을 떠올리게 돼.

김준호 그런 거구나. 요즘 냐오차오에서 어떤 경기를 해?

양광 요즘 거기서는 경기를 하지 않고 아마도 그 옆에 있는 '워터 큐브'에서 수영장을 개방해 놓은 것 같아.

김준호 수립방은 국가수영장센터지? 베이징 올림픽의 상징 건물 중 하나이고, 맞지?

양광 하나를 들으면 열을 아는구나. 워터 큐브는 냐오차오 옆에 있는데 베이징에 오면 꼭 가봐야 하는 곳이지.

김준호 수영장하니까 중국 다이빙팀이 생각난다. 세계 리더 역할을 하고 있잖아. 올림픽에서도 매번 훌륭한 성적을 올리고 있으니, 얼마나 자랑스러워!

양광 올림픽은 단순한 경쟁이 아니라 공정한 경쟁을 하는 데서 그 의의를 찾아야 될 것 같아. 그래야 각국 운동선수가 단결을 강화하고 우의적 관계를 유지할 수 있을 테니까.

김준호 맞는 말이야! 우리들의 우정을 더 두텁게 하기 위해서 오후에 일대일 농구 시합 어때?

양광 오늘 오랜만에 날씨도 개었고 야외 운동으로는 제격이다. 너가 반칙만 하지 않으면 지지 않을 자신 있어.

연습문제 답안

1 단어 고르기

　① 斗牛　② 出局　③ 擦边球　④ 领头羊　⑤ 雄起

2 문장 완성하기

① 他们还扮演世界跳水领头羊的角色。

② 人们会不由自主地想起那座钢铁建筑。

③ 我有信心不出局。

④ 它已经成为公众约定俗成的一个名称。

⑤ 只有在公平竞争的基础上竞争才有意义。

3 말해보기

① 他们在每届奥运都获得了优异的成绩。

② 那中国跳水多了不起啊！

③ 下午去篮球场斗牛，要不要？

④ 要是你不给我打擦边球，我就有信心不出局。

| 지은이 소개 |

장선우
(현)고려대학교 민족문화연구원 사전학센터 연구교수
중국 북경대학 박사(현대한어 전공)

신사명
(현)중국 중앙민족대학 조선언어문학과 외국인교수
중국 중앙민족대학교 박사(민족학 전공)

玄玥
(현)북경어언대학 한어국제교육학부 교수
중국 북경대학 박사(현대한어 전공)

速达 súdá
중급 중국어
중국인과 함께 수다SUDA를

2020. 2. 1. 1판 1쇄 인쇄
2020. 2. 10. 1판 1쇄 발행

지은이 장선우·신사명·현모(玄玥)
발행인 김미화 **발행처** 인터북스
주소 서울시 은평구 연서로20길 11 **전화** 02.356.9903 **팩스** 02.6959.8234
이메일 interbooks@naver.com **홈페이지** hakgobang.co.kr **출판등록** 제2008-000040호
ISBN 978-89-94138-67-1 93720 **정가** 13,000원

이 도서의 국립중앙도서관 출판예정도서목록(CIP)은 서지정보유통지원시스템 홈페이지(http://seoji.nl.go.kr)와
국가자료공동목록시스템(http://www.nl.go.kr/kolisnet)에서 이용하실 수 있습니다. (CIP제어번호 : CIP2020002993)